INTERNATIONAL GCSE (9–1)

PAUL SHANNON

French

for Pearson Edexcel International GCSE

STUDY AND REVISION GUIDE

HODDER
EDUCATION
AN HACHETTE UK COMPANY

The Publishers would like to thank the following for permission to reproduce copyright material.

Acknowledgements

Every effort has been made to trace all copyright holders, but if any have been inadvertently overlooked, the Publishers will be pleased to make the necessary arrangements at the first opportunity.

Although every effort has been made to ensure that website addresses are correct at time of going to press, Hodder Education cannot be held responsible for the content of any website mentioned in this book. It is sometimes possible to find a relocated web page by typing in the address of the home page for a website in the URL window of your browser.

Hachette UK's policy is to use papers that are natural, renewable and recyclable products and made from wood grown in well-managed forests and other controlled sources. The logging and manufacturing processes are expected to conform to the environmental regulations of the country of origin.

Orders: please contact Bookpoint Ltd, 130 Park Drive, Milton Park, Abingdon, Oxon OX14 4SE. Telephone: +44 (0)1235 827827. Fax: +44 (0)1235 400401. E-mail education@bookpoint.co.uk Lines are open from 9 a.m. to 5 p.m., Monday to Saturday, with a 24-hour message answering service. You can also order through our website: www.hoddereducation.com

ISBN: 978 1 5104 7496 3

First published in 2020 by
Hodder Education,
An Hachette UK Company
Carmelite House
50 Victoria Embankment
London EC4Y 0DZ

www.hoddereducation.com

Impression number   10 9 8 7 6 5 4 3 2 1

Year   2024 2023 2022 2021 2020

Cover photo © StevanZZ/Shutterstock

Illustrations by Barking Dog

Typeset in India

Printed in Spain

A catalogue record for this title is available from the British Library.

Contents

Hodder & Stoughton Limited © Paul Shannon

Introduction

Audio files and transcripts

Follow the link below to download audio files and transcripts for all the listening questions in this guide:

www.hoddereducation.co.uk/edexcel_mfl_srg_audio

Exam overview

Below are details of the Pearson Edexcel International GCSE in French 9–1 (4FR1) examinations. There are three different papers, with each of the four skill areas worth 25% of the total International GCSE.

- Paper 1: Listening ● Paper 2: Reading and Writing ● Paper 3: Speaking

Paper 1: Listening

- Marks: 40
- Time: 30 minutes
- There will be seven recorded texts, each with one task.
- You will hear each text twice.
- The examination will begin with shorter statements, which build into short paragraphs and longer conversations.
- Task types include multiple-choice, multiple-matching, note-taking, table-completion and gap-fill questions.

Paper 2: Reading and Writing

- Marks: 80
- Time: 1 hour 45 minutes (52 minutes for each section)
- There will be five reading tasks, each based around a collection of short texts or a longer single text, including some drawn from authentic sources.
- The tasks include multiple-choice, multiple-matching, note-taking, table-completion and gap-fill questions. Grammatical accuracy will not be assessed and correct spelling is not a requirement, as long as the response can be understood.
- There will also be three writing tasks.
- For the first writing task you will be asked to write 60–75 words in response to the question, making sure you include the four words provided.
- For the second writing task you will be able to choose from three questions, one of which has a photo. You will need to write 130–150 words in response to the question, addressing four bullet points.
- The third writing task is a grammar task where you will have to adapt adjectives and verbs.

Paper 3: Speaking

- Marks: 40
- Time: 8–10 minutes
- The examination is made up of three tasks, in two parts.
- Three distinct topics will be examined across these tasks.

Task A (picture-based discussion)

- Marks: 12
- Time: approx. 2–3 minutes
- You must respond to five unsighted questions on a photo you have found yourself in advance.

Tasks B and C (conversations on topics)

- Marks: 28
- Time: 7 minutes max
- You will discuss two topics selected by the teacher.

How to use this book

This *Study and Revision Guide* covers the four topic areas from the Edexcel International GCSE examination, along with the key grammar required. The guide follows the same structure as the Student Book, but each unit can equally be studied whenever it suits you best, i.e. you could use a section for pre-study, reinforcement or revision of any given topic at any time. See the Contents list to see find the section you are looking for.

The guide covers key grammar points alongside topic-related vocabulary, which can be used to help you practise speaking and writing tasks as well as understanding listening and reading tasks. Each unit includes two examples of an examination-style task, one a worked example and one at the back of the book for you to work on individually. Answers to all tasks are also provided at the end of the guide. As well as the examination-style tasks, each unit also has additional tasks to help improve your skills and abilities as you work towards the examination.

Throughout this guide, there are **Revision tips** offering suggestions and ideas to help you revise and make the most of your time while revising French. There is also a selection of **Common pitfalls** across the topic areas which will help you avoid typical mistakes. Alongside the examination tasks, there are **Exam tips** to help you focus on what is required for the different task types.

Work your way through this book, copying down any vocabulary or grammar points that you find particularly useful. Organise it in the way you find easiest to remember, perhaps using different colours to highlight significant items.

Here are some ideas to get you started:

Revision tips	Exam tips	Common pitfalls
1 Revise a topic once, then revisit it later, checking progress.	**1** Check you know the time and venue of each of the four papers.	**1** Use the correct register in speaking tasks, formal *vous* or informal *tu*.
2 Revise little and often — don't binge.	**2** Read the question carefully — do not assume you know what is required of you.	**2** Make sure that adjectives agree with the nouns they describe.
3 Mix up your revision by asking a friend or family member to test you on vocabulary.	**3** Check you have answered every section or part of each question.	**3** Know French question words so that you avoid misunderstandings, *où ? quand ? comment ?* etc.

Key vocabulary

l'appartement (*m*)	flat	le logement	accommodation, housing
la banlieue	suburbs	à la montagne	in the mountains
au bord de la mer	by the sea	le pays	country
à la campagne	in the countryside	la pièce	room (in house)
au/en centre-ville	in the town centre	le quartier	district
la chambre	bedroom	la région	region
l'étage (*m*)	floor, storey	au rez-de-chaussée	on the ground floor
l'immeuble (*m*)	block of flats	la salle de bains	bathroom
le jardin	garden	le salon	living room
joli(e)	pretty	la ville	town, city

Definite and indefinite articles

G

These agree with the noun in gender and number, but *le* and *la* are both shortened to *l'* before a vowel or mute *h*.

le cinéma	*un cinéma*	*l'école*	*une école*
l'appartement	*un appartement*	*les rideaux*	*des rideaux*
la gare	*une gare*		

The indefinite article after a negative usually changes to *de*:

*Nous avons **un** balcon.* → *Nous n'avons pas **de** balcon.*

*Il y a **des** magasins.* → *Il n'y a pas **de** magasins.*

Adjectival agreements

For many adjectives:

● add -*e* for the feminine singular ● add -*s* for the masculine plural ● add -*es* for the feminine plural

Here are a few common exceptions in the feminine singular:

blanc → blanche	*cher → chère*	*faux → fausse*
bon → bonne	*favori → favorite*	*gentil → gentille*

TEST YOURSELF QUESTION

Lis cet extrait de blog où Julien décrit l'endroit où il habite. Complète les phrases avec un mot français choisi dans la liste. Attention ! il y a sept mots de trop.

Ici Julien ! Moi, j'habite dans un grand appartement dans la banlieue de Marseille dans le sud de la France. J'adore y habiter car ce n'est pas loin de la mer et des magasins.

Chez moi, il y a six pièces. Le salon est grand et confortable. La cuisine est petite, mais ça va parce que nous avons également une salle à manger. Et puis il y a le bureau de mon père. Ensuite, nous avons deux chambres. C'est assez pour mon père, ma belle-mère et moi. Entre les deux chambres il y a la salle de bains. Nous n'avons pas de cave car nous habitons au troisième étage, mais nous avons un garage près de l'immeuble.

Ma pièce préférée ? C'est le salon, sans aucun doute. Il est très clair avec une grande fenêtre qui donne sur un parc. Les murs bleu clair sont jolis aussi. Mais je ne passe pas beaucoup de temps dans le salon – c'est dommage !

banlieue	garage	immeuble	manger	parc	pièces
bureau	grand	magasins	mer	passer	salon
chambres	habite	maison	murs	petit	

1 Julien .... à Marseille.
2 L'appartement de Julien se trouve près de la ....
3 C'est bien d'avoir des .... près de l'immeuble.
4 L'appartement possède un .... salon.
5 Le père de Julien a un .... dans l'appartement.
6 L'appartement comprend deux ....
7 L'appartement est situé au troisième étage d'un ....
8 Quand on regarde par la fenêtre, on voit le ....
9 Julien aime la couleur des ....
10 Julien voudrait .... plus de temps dans le salon.

REVISION TIP

Filling the gap: If you have to choose words from a list, make sure that they fit the grammatical context as well as having the right meaning. For example, if you are looking for a noun, is it masculine, feminine or plural? If you are looking for a verb, which tense and form does it need to be in?

Key vocabulary

le balcon	balcony	**partager**	to share
le bureau	desk; office	**passer**	to spend (time)
la cave	cellar	**ranger**	to tidy
clair(e)	light	**la salle à manger**	dining room
confortable	comfortable	**sombre**	dark
la cuisine	kitchen	**sympa**	nice
en désordre	untidy	**la terrasse**	patio
discuter	to chat	**se trouver**	to be situated
l'endroit (*m*)	place	**la vaisselle**	washing-up
l'étagère (*f*)	shelf		
le lave-vaisselle	dishwasher		

Present tense of regular -er verbs and common irregular verbs G

habiter	être	avoir
j'habite	je suis	j'ai
tu habites	tu es	tu as
il/elle/on habite	il/elle/on est	il/elle/on a
nous habitons	nous sommes	nous avons
vous habitez	vous êtes	vous avez
ils/elles habitent	ils/elles sont	ils/elles ont

TEST YOURSELF QUESTION

1 Relie chaque réponse à la question qui convient le mieux.
2 Invente une réponse différente à chaque question.

Questions
1 Où est le salon chez toi ?
2 Que fais-tu dans le salon ?
3 Où manges-tu normalement ?
4 Tu partages ta chambre avec ton frère/ta sœur ?
5 Qu'est-ce que tu as dans ta chambre ?
6 Tu ranges souvent ta chambre ?
7 Comment est la décoration dans ta chambre ?
8 Il y a une belle vue ?

Réponses
a Dans la cuisine, où nous avons une grande table.
b J'ai mon lit, bien sûr, une table avec mon ordinateur et des étagères.
c Il est au rez-de-chaussée.
d Non. Elle est toujours en désordre.
e Oui. Ma chambre donne sur notre jardin avec tous les arbres.
f Je regarde la télé ou j'écoute de la musique.
g Non. C'est une chambre à moi toute seule.
h Sympa. J'aime bien la couleur des rideaux.

COMMON PITFALLS

Take care to distinguish between words ending with the silent letter -e such as *grande* and *table* and those ending with the pronounced letter -é such as *télé* and *chaussée*. This is particularly important with verb endings: *écoute* conveys a present tense meaning but *écouté* conveys a past (perfect) tense meaning.

REVISION TIP

In a general conversation, listen carefully to the question word.
Make sure you know what all the common question words mean. With yes/no questions, begin by saying *oui* or *non* and then add a comment or explanation.

EXAM-STYLE QUESTION

Mon logement

| rez-de-chaussée | | chambre | | hier | | jardin |

Tu écris une réponse de 60 à 75 mots **en français** au sujet de ton logement. **Tu dois** employer tous les mots ci-dessus.

Sample answer

Nous avons une petite maison. Au rez-de-chaussée, nous avons trois pièces. Nous n'avons pas de garage.

This is the right length and includes appropriate detail. The inclusion of a negative is good. However, the repetition of *nous avons* is unnecessary. You should use other constructions such as *il y a* and *la maison n'a pas*.

Ma chambre est assez grande, mais je la partage avec ma sœur et je déteste ça. Les étagères sont toujours en désordre.

A very good paragraph which includes a range of vocabulary and different verb forms. The correct use of the pronoun *la* is also good.

Hier, je fais mes devoirs dans le salon. Je joue sur l'ordinateur dans ma chambre. Je mange dans la cuisine.

This is in the wrong tense. After *hier*, all three verbs should be in the perfect tense. It would also be good to link the three ideas with appropriate adverbs or conjunctions such as *après cela, ensuite*.

Un petit jardin se trouve derrière la maison. Mes parents y travaillent le weekend quand il fait beau.

This is a very good paragraph, including a third person plural verb, the pronoun *y* and a subordinate clause with *quand*.

Turn to page 107 for more practice of this style of writing question.

EXAM TIP

In the 60–75 word writing task, it is a good idea to divide your answer into four roughly equal paragraphs, one for each key word in the question.

Key vocabulary

l'anglais (*m*)	English	les langues (*f*) vivantes	modern languages
la biologie	biology	les maths (*f*)	maths
la chimie	chemistry	la physique	physics
le dessin	art	les sciences (*f*)	science
l'EPS (*f*)	PE	la technologie	technology
l'espagnol (*m*)	Spanish	apprendre	to learn
le français	French	étudier	to study
la géographie	geography	la leçon	lesson
l'histoire	history	la rentrée	start of new school year
l'informatique	IT	scolaire	(relating to) school

Days and times (G)

Use *le* with days of the week (when speaking generally) and parts of the day:

le vendredi	on Friday(s)
le matin	in the morning(s)
le samedi après-midi	on Saturday afternoon(s)

Use *à* with clock times:

à huit heures vingt	at twenty past eight
à minuit	at midnight

TEST YOURSELF QUESTION

Écoute Laurence nous parler de sa journée scolaire. Complète les phrases avec un mot de la liste.

1 Laurence se .... à sept heures moins le quart.
2 Elle se lève à .... heures.
3 Elle .... la maison à sept heures vingt.
4 Quand Laurence arrive au collège, elle .... avec ses copines.
5 Les cours commencent à .... heures.
6 Elle a deux cours .... la pause-déjeuner.
7 Le dernier cours finit à cinq heures et ....
8 Laurence arrive à la maison à six heures .... le quart.
9 Chez Laurence, on .... vers sept heures et demie.
10 Elle se .... vers dix heures.

après	huit	moins	quart	réveille
couche	mange	parle	quitte	sept

REVISION TIP

In a listening test the questions are normally in the same order as the recording. If you have listened to several sentences and have not found the answer to the first question, you have probably gone wrong.

Key vocabulary

le bâtiment	building	**le terrain de sport**	sports field
la bibliothèque	library	**le vestiaire**	cloakroom
la cour	playground	**la troisième**	Year 10
le foyer	common room; hall	**la seconde**	Year 11
le gymnase	gymnasium	**la première**	Year 12
le laboratoire	laboratory	**la terminale**	Year 13
le lycée	secondary school (15–18)	**l'élève** (*m/f*)	pupil
la piscine	swimming pool	**l'examen** (*m*)	examination
le réfectoire	dining room	**la matière**	school subject
la salle de classe	classroom	**l'uniforme** (*m*)	uniform
la salle des professeurs	staff room		

Prepositions of place

Use the following prepositions to describe the position of something or someone:

à côté de	next to	*devant*	in front of	*entre*	between
à droite de	to the right of	*au fond de*	at the end of	*en face de*	opposite
à gauche de	to the left of	*au-dessus de*	above	*près de*	near
		dans	in	*sous*	under
		derrière	behind	*sur*	on

Note that *de* changes to *du* or *des* before masculine singular and all plural nouns respectively.

TEST YOURSELF QUESTION

Lis ce texte où Zoé parle de son collège. Choisis les cinq phrases vraies.

> Mon collège se trouve dans une petite ville dans le midi de la France. Il y a plus de 750 élèves et 50 professeurs. Nous avons un assez grand bâtiment qui est situé en face de la mairie. Le collège a été construit dans les années 80.
>
> Au rez-de-chaussée, il y a la réception, le bureau de la directrice, deux autres bureaux, la salle des professeurs et plusieurs salles de classe. Au fond du couloir, on arrive au nouveau CDI. L'ancien CDI était trop petit. La cuisine et le réfectoire se trouvent à côté du CDI.
>
> La plupart des salles de classe sont situées au premier étage. Nous avons quatre laboratoires de sciences et une salle d'informatique bien équipés. C'est bien parce que l'informatique est ma matière préférée. Il y a deux escaliers – un en face de la salle d'informatique et l'autre au fond du bâtiment. On va peut-être installer un ascenseur.
>
> Derrière le bâtiment, il y a le terrain de sport. On peut y jouer au foot et au hockey. Quant à la piscine la plus proche, elle se trouve dans une ville voisine. Je trouve que c'est dommage car j'aime nager.
>
> À gauche du bâtiment, il y a la cour où nous bavardons pendant la récréation. C'est très agréable quand il fait beau, mais je préfère rester à l'intérieur par temps de pluie. Le collège dispose aussi d'un parking, mais il n'est pas assez grand pour toutes les voitures.

A Le collège de Zoé accueille moins de 750 élèves.
B La mairie se trouve en face du collège.
C Le collège existe depuis plus de 30 ans.
D Le bureau de la directrice est au premier étage.
E Il y a des salles de classe au rez-de-chaussée et au premier étage.
F Le CDI est petit.
G Zoé préfère l'informatique aux autres matières.
H L'ascenseur est situé au fond du bâtiment.
I La piscine se trouve derrière le terrain de sport.
J Zoé n'aime pas sortir quand il pleut.
K Le collège ne possède pas de parking.

REVISION TIP

Handling unfamiliar vocabulary. In reading texts you can expect to come across some words that you don't know. Try to work out from the context what any unfamiliar words might mean, but don't spend too long on this. It is better to concentrate on the words that you know.

EXAM-STYLE QUESTION

School life and routine

1 Décris cette image.
2 Que fait l'homme au milieu de l'image ?
3 À ton avis, qu'est-ce que les élèves vont faire plus tard dans la journée ?
4 Quelles sont les qualités d'une bonne école ?
5 Pourquoi est-il important d'utiliser la technologie à l'école ?

Sample answer

1 *Je vois des élèves et un professeur. Ils sont dans le CDI de leur école.*

The answer is correct but could be improved by linking the two sentences with an appropriate conjunction or relative pronoun such as *qui*.

2 *Il aide un élève.*

The answer is correct but needs to be developed, for example: *Il aide un élève en répondant à sa question sur le travail scolaire.*

3 *On va bientôt entendre la sonnerie et ce sera l'heure du déjeuner. Les élèves vont manger et se détendre.*

A full and detailed answer with a good range of vocabulary and different verb forms.

4 *Mon école me plaît parce que les professeurs sont sympa et que je m'entends bien avec les autres élèves.*

The French is good, but the student has talked about her/his own school instead of describing the features of a good school. A better answer would be: *Une bonne école doit avoir des professeurs compétents, dynamiques et sympa. Les salles de classe doivent être bien équipées.*

5 *Parce que la technologie est de plus en plus importante dans la vie personnelle et professionnelle. À mon avis, la technologie est la matière la plus importante.*

Another very good answer except that the student has repeated the word *importante*. It would be better to say *la technologie est une matière essentielle*.

Turn to page 107 for more practice with speaking questions.

Key vocabulary

boire	to drink	**les pâtes** (*f*)	pasta
la boisson	drink	**le petit déjeuner**	breakfast
le déjeuner	lunch	**prendre**	to have (food, drink)
le dessert	dessert, pudding	**le repas**	meal
le diner	evening meal	**le riz**	rice
le gâteau	cake	**salé(e)**	savoury
le gouter	afternoon snack	**la santé**	health
le jus d'orange	orange juice	**sucré(e)**	sweet
les légumes	vegetables	**la tartine**	slice of bread with spread
la nourriture	food		

Partitive article and expressions of quantity

G

To translate 'some' as in 'some bread' or 'some carrots', you use the partitive article:

du pain   de la salade   de l'eau   des carottes

With most expressions of quantity, and after a negative, you use *de* instead:

*deux tranches **de** pain   beaucoup **de** salade   un peu **d'**eau   pas **de** carottes*

TEST YOURSELF QUESTION

Voici des réponses à des questions sur la nourriture et les repas. Complète chaque réponse avec *de, d', du, de la, de l'* ou *des*.

1 Je bois toujours .... eau au déjeuner.
2 En été, je mange beaucoup .... fruits.
3 Je vais prendre .... tartines et un jus d'orange.
4 Ma sœur ? Elle boit .... thé après l'école.
5 Mes parents ? Ils mangent toujours .... salade verte.
6 Nous allons prendre .... poisson.
7 Nous ne mangeons pas .... viande.
8 Mon frère ne mange rien parce qu'il n'a pas assez .... temps.

Invente une question différente pour chaque réponse.

Exemple : 1 Qu'est-ce que tu bois au déjeuner ?

COMMON PITFALLS

Practise the pronunciation of common question words, especially *Qu'est-ce que…*, which is pronounced 'kesk(e)'. Take particular care not to confuse *qui* with *que*.

REVISION TIP

Many questions will be in the *tu* form and can be answered in the *je* form. But look out for different types of question, for example those in the *vous* form that can be answered in the *nous* form.

Key vocabulary

l'alimentation (*f*)	nutrition, food	**gras(se)**	fatty
la boisson gazeuse	fizzy drink	**grignoter**	to snack
le choix	choice	**malsain(e)**	unhealthy
la cuisine	(style of) cooking	**piquant(e)**	hot (spicy)
délicieux (-euse)	tasty	**le plat préparé**	ready meal
épicé(e)	spicy	**le régime**	diet
équilibré(e)	balanced	**sain(e)**	healthy
frais (fraiche)	fresh	**végétarien(ne)**	vegetarian
le gout	taste	**la viande**	meat

Comparisons

To compare two nouns, use the comparative form of the adjective, which for most adjectives includes the word *plus*:

> *Les fruits sont **plus sains que** les pommes frites.*

> *Un curry est **plus** épicé **qu'**une omelette.*

A few common adjectives have a single-word comparative form:

> *À mon avis, la cuisine française est **meilleure que** la cuisine britannique.*

TEST YOURSELF QUESTION

Écoute deux fois Samira qui parle de ce que sa famille va manger ce weekend. Lis les phrases et décide si chaque phrase est vraie ou fausse. Si la phrase est fausse, corrige-la.

1 Samira va bien manger ce weekend.
2 Les cousins de Samira vont venir chez elle.
3 Samedi à midi, ils vont manger des légumes avec du poisson.
4 Samira pense que la viande est meilleure pour la santé.
5 Samira aime les glaces.
6 Samira préfère les yaourts.
7 Samira trouve les pâtes en sauce plus gouteuses qu'une pizza.
8 Dimanche, le père de Samira va préparer le déjeuner.
9 Samira aime la cuisine épicée.
10 Dimanche soir, la famille va manger un repas chaud.
11 Samira préfère les plats préparés.

REVISION TIP

Make sure you read the questions carefully before you start listening to the recording. Highlight key words that will help you to locate each answer.

EXAM-STYLE QUESTION

Lis l'e-mail. Mets une lettre dans chaque case.

> Salut !
>
> Je viens de passer quinze jours chez ma cousine, Olivia, au Québec. J'ai trouvé les repas vraiment intéressants. La première différence, c'est le nom des repas : par exemple, le premier repas de la journée est le déjeuner, pas le petit déjeuner. Ce qui m'a frappé aussi, c'est que je n'ai pas l'habitude de manger si tôt le soir.
>
> Nous sommes allés au restaurant plus souvent que chez nous. Le meilleur repas, c'était dans un petit restaurant québécois. C'est là qu'Olivia a pris du sucre à la crème suivi par un gros morceau de gâteau aux carottes ! Moi, je ne pouvais plus rien manger après la viande fumée qui était savoureuse, d'ailleurs. Un autre jour, nous avons diné au « Hot-Dog Café » – mais sans chien !
>
> Guy

A apprécié	**E** habite	**I** semaines
B dessert	**F** heures	**J** soir
C diné	**G** matin	**K** souvent
D fois	**H** plat principal	**L** tard

Exemple : Guy a passé deux … chez sa cousine Olivia.	I
(a) Olivia … au Québec.	
(b) Au Québec, on mange le déjeuner le …	
(c) Guy a l'habitude de manger le repas du soir plus …	
(d) Au Québec, Guy est allé au restaurant au moins deux …	
(e) Au restaurant québécois, Guy a … la viande fumée.	
(f) Guy n'a pas mangé de …	

[Total = 6 marks]

Sample answer

(a) E

Correct. The student has understood from the text that Olivia lives in Quebec.

(b) J

The correct answer is G. The student has perhaps not understood the phrase *premier repas de la journée* which refers to the morning, not the evening.

(c) K

The correct answer is L. Although the word *souvent* would be grammatically correct, the text makes no reference to frequency. The text states that Guy isn't used to eating early, i.e. he usually eats later.

(d) D

Correct. The student knows that *fois* means 'times' and has understood from the text that Guy went to the restaurant at least twice.

(e) C

The correct answer is A. The student has perhaps not understood that *apprécié* means 'liked', which corresponds to the phrase *qui était savoureuse* in the text.

(f) B

Correct. The student has understood that Guy didn't eat anything else after the *viande fumée*.

EXAM TIP

In reading comprehension tasks, look out for synonyms and near-synonyms. Examiners are not trying to trick you, but they are testing your knowledge of vocabulary as part of the examination.

Turn to page 107 for more practice of this style of reading question.

Key vocabulary

avoir chaud	to feel hot	**le comprimé**	pill, tablet
avoir froid	to feel cold	**faire mal**	to hurt
avoir mal	to be in pain	**la fièvre**	(high) temperature
avoir sommeil	to feel sleepy	**la grippe**	flu
le bras	arm	**la maladie**	illness
les dents (*f*)	teeth	**le médecin**	doctor
le dos	back	**se reposer**	to rest
le genou	knee	**se sentir**	to feel (well, unwell etc.)
la gorge	throat	**tousser**	to cough
le ventre	stomach	**vomir**	to be sick

Depuis ⓖ

The word *depuis*, meaning 'for' or 'since', is normally used with the present tense to say how long, or since when, something has been happening. The present tense is logical because the action is still going on.

> *Je suis malade depuis une semaine.*
> I have been ill for a week (and I am still ill now).

> *Vous avez mal à la tête depuis hier ?*
> Have you had a headache since yesterday (and do you still have a headache)?

COMMON PITFALLS

When writing about illness and injury, remember to use the verb *être* with the adjective *malade* and the verb *avoir* with all expressions using *mal*:

Je suis malade. ✓
(**not** *J'ai malade* ✗)
J'ai mal à la jambe. ✓
(**not** *Je suis mal à la jambe* ✗).

TEST YOURSELF QUESTION

Pour chaque image, écris une phrase pour expliquer ton problème. Tu peux utiliser les mots de la case.

1	2	3	4	5	6

bras	dents	fièvre	gorge	tête	ventre

REVISION TIP

When combining the prepositions *à* and *de* with the definite article, remember:

- *à + le = au*
- *à + les = aux*
- *de + le = du*
- *de + les = des*

Key vocabulary

l'ascenseur (*m*)	lift	**faire attention à**	to be careful about
avoir besoin de	to need	**fatigant(e)**	tiring
bouger	to move, to be active	**s'inquiéter**	to be worried
le centre sportif	fitness centre	**la musculation**	body building, weight training
courir	to run	**la natation**	swimming
se détendre	to relax	**paresseux (-euse)**	lazy
s'entrainer	to train	**participer à**	to take part in
l'entrainement (*m*)	training	**la piste**	track
l'escalier (*m*)	stairs	**la salle de gym**	fitness room
l'exercice (*m*)	exercise		

Common irregular verbs

prendre	*boire*	*dormir*	*savoir*
je prends	je bois	je dors	je sais
tu prends	tu bois	tu dors	tu sais
il/elle/on prend	il/elle/on boit	il/elle/on dort	il/elle/on sait
nous prenons	nous buvons	nous dormons	nous savons
vous prenez	vous buvez	vous dormez	vous savez
ils/elles prennent*	ils/elles boivent*	ils/elles dorment*	ils/elles savent*

* Remember that the *-ent* is silent.

TEST YOURSELF QUESTION

Lis le texte. Choisis les cinq phrases qui sont vraies selon le texte.

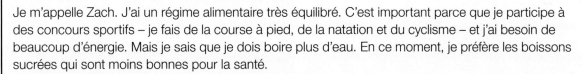

Je m'appelle Zach. J'ai un régime alimentaire très équilibré. C'est important parce que je participe à des concours sportifs – je fais de la course à pied, de la natation et du cyclisme – et j'ai besoin de beaucoup d'énergie. Mais je sais que je dois boire plus d'eau. En ce moment, je préfère les boissons sucrées qui sont moins bonnes pour la santé.

Normalement, je me lève tôt pour aller m'entrainer avant le petit déjeuner. Je vais au centre sportif à côté de chez moi. Là, je retrouve mon copain Clément et nous faisons de la musculation pendant une demi-heure. Et puis le soir après l'école, trois fois par semaine, je fais de la natation. Les autres jours, j'ai trop de devoirs.

Le weekend, je pars souvent avec mon club de triathlon. Quand nous n'avons pas de concours je me détends à la maison. Je me passionne pour la lecture et les échecs – ça fait du bien de se reposer aussi !

1 Zach mange trop.
2 Zach fait plusieurs sports.
3 Zach boit assez d'eau.
4 Zach pense que les boissons sucrées sont saines.
5 Zach prend le petit déjeuner après son entrainement.
6 Zach s'entraine avec son copain Clément.
7 Zach nage régulièrement.
8 Zach va à la piscine avant de faire ses devoirs.
9 Zach préfère se détendre le samedi et le dimanche.
10 Zach aime lire.

EXAM-STYLE QUESTION

Tu vas entendre une conversation entre Alice et Martin au sujet d'une vie saine. Lis les phrases et choisis la bonne lettre.

A autobus	**E** gagner	**I** s'amuser	**L** souvent
B dehors	**F** jogging	**J** semaine	**M** tennis
C équilibré	**G** pied	**K** sérieusement	
D forme	**H** rarement		

Exemple : Martin essaie de garder la ...	D
(a) Martin va au centre sportif en ...	
(b) Alice préfère s'entrainer ...	
(c) Martin n'aime pas le ...	
(d) Martin joue au tennis pour ...	
(e) Martin n'a pas un régime ...	
(f) Alice se repose ...	

[Total = 6 marks]

Sample answer

(a) G

The correct answer is A because Martin *says je dois prendre l'autobus pour y aller.*

(b) B

Correct. The student has recognised the word *dehors* correctly.

(c) M

The correct answer is F. Martin says *Franchement, non* when asked whether he likes running.

(d) I

Correct. The student has made the correct link between *je joue au tennis* and *pour nous amuser.*

(e) D

The correct answer is C. The student needed to deduce from the sentence *je mange trop de pain et de gâteaux et pas assez de fruits et de légumes* that Martin's diet is unbalanced.

(f) H

Correct. The student has made the correct link between the phrase *je ne me repose pas assez* and the answer *rarement.*

EXAM TIP

In this kind of reading comprehension task, be prepared to go back and change an earlier answer if when you come to a later question you find you need one of the answers already used.

Turn to page 108 for more practice of this style of listening question.

Key vocabulary

la chaine	channel	la série	series
le dessin animé	animated cartoon	le spot publicitaire	advert
le documentaire	documentary	la télécommande	remote control
l'émission (*f*)	programme	le téléfilm	television film
le feuilleton	soap opera	la téléréalité	reality television
les informations (*f*)	news	bête	stupid
le jeu télévisé	game show	génial(e)	brilliant
le poste de télévision	television set	marrant(e)	funny
le présentateur/la présentatrice	presenter	passionnant(e)	exciting
la publicité	advertising	zapper	to switch channels

Present tense of *pouvoir*, *devoir* and *vouloir*

These three verbs follow a similar pattern to each other:

pouvoir	devoir	vouloir
je peux	je dois	je veux
tu peux	tu dois	tu veux
il/elle peut	il/elle doit	il/elle veut
nous pouvons	nous devons	nous voulons
vous pouvez	vous devez	vous voulez
ils/elles peuvent	ils/elles doivent	ils/elles veulent

COMMON PITFALLS

Be careful not to confuse:

l'émission = programme
le programme = television schedule

TEST YOURSELF QUESTION

Pour chaque image :

1 C'est quel genre d'émission ?
2 Que penses-tu de ce genre d'émission ?

Tu peux utiliser les mots de la liste de vocabulaire.

Key vocabulary

l'acteur/l'actrice	actor/actress	le film d'horreur	horror film
le billet	ticket	le film policier	detective film
doublé(e)	dubbed	la fin	end
l'écran (*m*)	screen	le genre	type, kind
les effets spéciaux	special effects	l'histoire (*f*)	story
émouvant(e)	moving	passer	to be on (e.g. programme)
être fanatique de	to be a fan of	le personnage	character
le film d'action	action film	ridicule	ridiculous
le film d'amour	romantic film	rire	to laugh
le film d'aventure	adventure film	sous-titré(e)	subtitled
le film de guerre	war film	triste	sad

Present tense of verbs like *préférer* **G**

Notice how the accent changes when the ending is not pronounced:

préférer	*espérer*
je préfère	j'espère
tu préfères	tu espères
il/elle préfère	il/elle espère
nous préférons	nous espérons
vous préférez	vous espérez
ils/elles préfèrent	ils/elles espèrent

TEST YOURSELF QUESTION

Lis ce blog où Emma parle de la télévision et du cinéma. Complète le texte avec un mot choisi dans la liste. Attention ! il y a quatre mots de trop.

Ici Emma ! Moi, j'adore la télévision et le cinéma. Je passe beaucoup de temps **(a)**............... l'écran.

D'habitude, je regarde la télévision le **(b)**............... , après avoir fini mes devoirs. Je préfère les dessins animés parce que je les trouve **(c)**............... . Mon frère regarde la téléréalité mais je **(d)**............... cela nul. De temps en temps, nous regardons un téléfilm **(e)**............... . Hier soir, nous avons regardé une émission sur la Guadeloupe et c'était vraiment **(f)**............... .

J'essaie d'aller au cinéma aussi **(g)**............... que possible. Mes copines préfèrent les comédies américaines et c'est vrai qu'on **(h)**............... beaucoup quand on les regarde. Mais j'aime tous les genres de film. Samedi prochain, j'espère aller voir un film **(i)**............... et je suis sure qu'il sera passionnant. Le seul problème, c'est que les **(j)**............... coutent cher. Je dois souvent demander de l'argent à ma mère.

après	devant	intéressant	rit	trouve
billets	ensemble	marrants	soir	vite
comédies	ennuyeux	policier	souvent	

COMMON PITFALLS

Don't focus so much on the detail of a text that you lose its overall sense. The gist of the text will give you important clues.

EXAM-STYLE QUESTION

La télévision et les films – mes préférences

| écran | chaine | marrant | demain |

Tu écris une réponse de 60 à 75 mots **en français** au sujet de la télévision et des films. **Tu dois** employer tous les mots ci-dessus.

Sample answer

Je ne passe pas beaucoup de temps devant l'écran, mais je regarde la télévision de temps en temps pour me relaxer.

A good opening sentence, including an adverb phrase and an example of *pour* + infinitive.

Ma chaine préférée est Sky Sports 1. J'aime le sport. J'aime surtout regarder les matchs internationaux.

The paragraph is relevant, but could be improved by using a connective such as *parce que* and by using a different verb to avoid the repetition of *j'aime*.

Je regarde aussi des documentaires car ils sont marrants. Mais je trouve la téléréalité vraiment nulle.

In the first sentence, the student appears to have misunderstood the word *marrant*. The second sentence would be better replaced by a further comment about the programme that the student finds funny.

Demain, j'espère aller au cinéma avec mes copains. Nous allons voir un film policier qui vient de sortir.

This is a good paragraph, including several infinitive constructions and the *nous* and *il* forms of verbs.

EXAM TIP

In the 60–75 word writing task, keep to the topic and don't introduce irrelevant information.

Turn to page 108 for more practice of this style of writing question.

Key vocabulary

l'animal (*m*) (animaux)	animal, pet	**le lapin**	rabbit
le cheval	horse	**les lunettes (*f*)**	glasses
les cheveux (*m*)	hair	**mince**	thin
le copain/la copine	friend	**la personne**	person
le demi-frère	half-brother; stepbrother	**le poisson rouge**	goldfish
la demi-sœur	half-sister; stepsister	**ressembler à**	to look like
s'entendre avec	to get on with	**le serpent**	snake
la fille	daughter	**la souris**	mouse
le fils	son	**de taille moyenne**	of average height
jumeau (jumelle)	twin	**les yeux (*m*)**	eyes

Possessive adjectives **G**

The main thing to remember is that in French there is no difference between 'his', 'her' and 'its'. What counts is the gender of the noun that follows.

	Masculine	Feminine	Plural
my	*mon père*	*ma mère*	*mes parents*
your (singular)	*ton père*	*ta mère*	*tes parents*
his, her, its	*son père*	*sa mère*	*ses parents*
our	*notre père*	*notre mère*	*nos parents*
your (plural/polite)	*votre père*	*votre mère*	*vos parents*
their	*leur père*	*leur mère*	*leurs parents*

Note that you use *mon, ton* and *son* with feminine singular nouns in front of words that begin with a vowel and most words beginning with *h*. This makes them easier to say. For example: *mon/ton/son amie Clara*.

REVISION TIP

If you are short of things to say, try using a negative expression to extend your answer, e.g. *Elle ne porte pas de lunettes.*

COMMON PITFALLS

Learn how to pronounce adjectives in the masculine and feminine forms. Often the addition of the feminine ending -*e* means that you must pronounce the consonant before it, e.g. *grande, petite, grise*.

2A Relationships with family and friends

grand(e)	bleus	noirs
petit(e)	bruns	blonds
de taille moyenne	cheveux	lunettes
	longs	barbe
yeux	courts	

Décris chaque personne. Tu peux utiliser les mots de la case.

Key vocabulary

agréable	pleasant	**jaloux (-ouse)**	jealous
bruyant(e)	noisy	**méchant(e)**	badly behaved, naughty (child)
casse-pieds	a nuisance, a pain	**mignon(ne)**	cute
compréhensif (-ive)	understanding	**paresseux (-euse)**	lazy
désagréable	unpleasant	**sévère**	strict
égoïste	selfish	**sympa**	nice, friendly
énervant(e)	annoying	**travailleur (-euse)**	hardworking
généreux (-euse)	generous	**les bêtises** (*f*)	silly things
gentil(le)	kind	**se disputer**	to argue
honnête	honest	**les rapports** (*m*)	relationship(s)

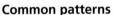

Irregular adjectives

Common patterns

Some adjectives are irregular but follow a predictable pattern:

Adjectives ending in *-eux* normally have a feminine form ending in *-euse*.

> *Il est paresseux. Elle est paresseuse.*

Adjectives ending in *-if* normally have a feminine form ending in *-ive*.

> *Il est sportif. Elle est sportive.*

Some adjectives ending in a single consonant double it in the feminine form.

> *Il est gentil. Elle est gentille.*
> *Il est mignon. Elle est mignonne.*
> *Il n'est pas gros. Elle n'est pas grosse.*

Position of adjectives

Most adjectives, including all those describing colours, go after the noun:

> *les yeux bleus*   *une fille travailleuse*

A number of commonly used adjectives go before the noun:

> *le petit chien*   *mon nouveau demi-frère*   *une bonne attitude*

Hodder & Stoughton Limited © Paul Shannon   23

TEST YOURSELF QUESTION

Lis l'e-mail suivant, puis réponds aux questions en français.

Salut !

Tu m'as posé des questions sur ma famille. Alors, je te la présente :

D'abord, ma mère et mon beau-père. Ils s'appellent Chloé et Julien. Ils sont tous les deux grands, mais ma mère est plus mince que mon beau-père. Ma mère a quarante-quatre ans et mon beau-père a quatre ans de plus. Ma mère porte toujours des lunettes, mais mon beau-père ne porte des lunettes que pour lire le journal ou conduire.

Tu sais déjà que j'ai un frère, Nathan. Il est plus jeune que moi et on s'entend bien. Ça m'énerve un peu quand il fait des bêtises, mais il est aussi très généreux. Il y a aussi ma demi-sœur, Hélène, qui a vingt ans. Je ne la vois pas souvent parce qu'elle fait des études à l'université. Elle est gentille mais un peu trop sérieuse pour moi. Elle a un nouveau petit ami qui s'appelle David.

Et toi, comment est ta famille ?

Thomas

1 Comment s'appelle le beau-père de Thomas ?
2 Qui est mince ?
3 Quel âge a le beau-père de Thomas ?
4 Qui porte quelquefois des lunettes ?
5 Avec qui est-ce que Thomas s'entend bien ?
6 Pourquoi est-ce que Thomas s'entend bien avec cette personne ?
7 Pourquoi est-ce que Thomas ne passe pas beaucoup de temps avec sa demi-sœur ?
8 Quel aspect de la personnalité de sa demi-sœur est-ce que Thomas n'aime pas ?
9 Qui est David ?

REVISION TIP

When answering reading questions in French, you do not necessarily have to write in full sentences. Just give the necessary information to answer the question. If you write too much, there is a danger that you will include irrelevant material.

EXAM-STYLE QUESTION

Écoute ces jeunes qui parlent de différents membres de leur famille. L'opinion est-elle positive, négative ou positive **et** négative ?

	Opinion positive	Opinion négative	Opinion positive et négative
Exemple : Jules	☒	☐	☐
(a) Lola	☐	☐	☐
(b) Clément	☐	☐	☐
(c) Soukenya	☐	☐	☐
(d) Ali	☐	☐	☐
(e) Inès	☐	☐	☐
(f) Liam	☐	☐	☐

[Total = 6 marks]

Sample answer

(a) P

Correct. Both sentences convey a positive opinion.

(b) P

The correct answer is P+N. The student has not recognised that *égoïste* conveys a negative opinion.

(c) N

The correct answer is P+N. The reference to *défauts* is negative, but Soukenya also acknowledges that her brother has qualities and that they sometimes get on well.

(d) P+N

The correct answer is N. Ali is entirely critical of his brother.

(e) N

Correct. The student has realised that the word *bien* does not convey a positive opinion on the part of Inès. Her experience is different from that of others and she would prefer to be an only child.

(f) P

Correct. The student has understood that all three phrases convey a positive opinion of Liam's father.

EXAM TIP

When deciding whether opinions are positive, negative or positive and negative, don't rely on hearing obvious indicators such as *mais* or *pourtant*.

Turn to page 109 for more practice of this style of listening question.

Key vocabulary

d'abord	first of all	**puis**	then
se brosser les dents	to clean one's teeth	**quelquefois**	sometimes
se brosser les cheveux	to brush one's hair	**quotidien(ne)**	daily
se coucher	to go to bed	**rentrer**	to go back (home)
se doucher	to have a shower	**se reposer**	to rest
ensuite	then, next	**se réveiller**	to wake up
s'habiller	to get dressed	**la routine**	routine
se laver	to get washed	**tranquillement**	gently, slowly
se lever	to get up	**vers**	at about (time)
prendre	to have (a meal)	**vite**	quickly

Ⓖ

Reflexive verbs

Remember to change the reflexive pronoun as well as the verb ending, as in these examples:

s'amuser	*se détendre*	*se lever*
je m'amuse	*je me détends*	*je me lève*
tu t'amuses	*tu te détends*	*tu te lèves*
il/elle s'amuse	*il/elle se détend*	*il/elle se lève*
nous nous amusons	*nous nous détendons*	*nous nous levons*
vous vous amusez	*vous vous détendez*	*vous vous levez*
ils/elles s'amusent	*ils/elles se détendent*	*ils/elles se lèvent*

TEST YOURSELF QUESTION

Lis l'e-mail de Mina qui parle de sa routine quotidienne. Ensuite, lis les phrases et décide si chaque phrase est vraie ou fausse. Si la phrase est fausse, corrige-la.

Pendant la semaine, je me réveille vers six heures et quart, mais je me repose un peu avant de me lever. Je me lave dans la salle de bains, je m'habille dans ma chambre et je descends pour prendre le petit déjeuner. Je mange seule parce que mon frère se lève plus tard que moi. Normalement, je quitte la maison à huit heures pour aller au collège. L'après-midi, quand je rentre chez moi, j'écoute de la musique pour me relaxer et je bois du chocolat chaud. Ensuite, je fais mes devoirs et vers sept heures et demie ma famille et moi dinons ensemble. Je ne sors pas avec mes copines pendant la semaine parce que je dois me coucher avant dix heures.

1 Mina se réveille vers six heures et quart.
2 Mina se lève, puis elle se repose un peu.
3 Mina s'habille dans la salle de bains.
4 Mina se lève plus tôt que son frère.
5 Mina arrive au collège à huit heures.
6 Quand Mina rentre à la maison, elle prend une boisson.
7 Mina dine avec sa famille.
8 Pendant la semaine, Mina se couche après dix heures.

Key vocabulary

débarrasser la table	to clear the table	**nettoyer**	to clean
demander	to ask	**obliger qqn à faire qqch**	to force someone to do something
donner à manger à	to feed (pet)		
exigeant(e)	demanding	**poli(e)**	polite
faire la lessive	to do the laundry	**ranger**	to tidy
faire le ménage	to do the housework	**régulièrement**	regularly
faire la vaisselle	to do the washing-up	**remercier**	to thank
faire le repassage	to do the ironing	**remplir le lave-linge**	to fill the washing machine
se mettre en colère	to get angry		
mettre le couvert ; mettre la table	to set the table	**sortir les poubelles**	to put the bins out
		les tâches ménagères	household chores
		vider le lave-vaisselle	to empty the dishwasher

Imperative

When telling or advising someone to do something, use either the *tu* or *vous* form of the imperative as appropriate. These forms have the same endings as in the present tense except that the *tu* form imperative of regular *-er* verbs ends in *-e*.

tu	*vous*
Mets le couvert !	*Mettez le couvert !*
Finis tes devoirs !	*Finissez vos devoirs !*
Range ta chambre !	*Rangez votre chambre !*

A few verbs have completely irregular imperative forms, including *être* and *avoir*.

tu	*vous*
Sois patient(e) !	*Soyez patient(e)s !*
N'aie pas peur !	*N'ayez pas peur !*

COMMON PITFALLS

Using *tu* instead of *vous*, or *vous* instead of *tu*, may cause offence, so take care to choose the correct form for the person or people you are addressing.

TEST YOURSELF QUESTION

Complète les phrases avec l'impératif des verbes entre parenthèses. N'oublie pas de choisir la bonne forme.

1 ....-moi, Sylvie ! (*aider*)
2 Le repas est prêt. .... bien, mes amis ! (*manger*)
3 Maman ! N'.......... pas que j'ai besoin d'argent ! (*oublier*)
4 .... ta chambre, Fabienne ! (*ranger*)
5 .... le couvert s'il vous plait ! (*mettre*)
6 Tu es libre maintenant ? Alors, ... avec moi ! (*venir*)

7 Ne vous .... pas, monsieur. Il n'y a pas de problème. (*inquiéter*)
8 Alors les enfants, ... la table ! (*débarrasser*)
9 Tu dois attendre, Marthe. .... patiente ! (*être*)
10 Ce petit chien est vraiment mignon, n'.......... pas peur de lui ! (*avoir*)

Maintenant, imagine que tu donnes des ordres à chaque membre de ta famille. Écris des phrases à l'impératif.

Always check your verb endings, as sometimes a wrong ending conveys a different meaning or may simply confuse the reader. If unsure, use verb tables such as those in the back of the student book.

EXAM-STYLE QUESTION

Réponds à ces questions.

La routine quotidienne et les tâches ménagères

1 Pendant la semaine, à quelle heure te lèves-tu normalement ?
2 Est-ce que tu prends le petit déjeuner seul(e) ou avec d'autres membres de ta famille ? Pourquoi ?
3 Le samedi soir, à quelle heure aimes-tu te coucher ? Pourquoi ?
4 Quand tu seras plus âgé(e), en quoi est-ce que ta routine quotidienne changera ?
5 La semaine dernière, qu'est-ce que tu as fait pour aider à la maison ?
6 Est-ce que tous les membres de la famille devraient faire des tâches ménagères ? Pourquoi (pas) ?

Sample answer

1 *Je me lève à sept heures et quart.*

The answer is correct, but even with a straightforward question such as this one you should try to extend your answer if possible. Here, you could add an adverb such as *d'habitude* or you could add a comment or opinion such as *Je pense que c'est trop tôt.*

2 *Je prends le petit déjeuner avec ma famille. Je mange des céréales et je bois du jus d'orange.*

The first part of the answer is fine, but the student has not answered the question *pourquoi.* A possible answer to this question would be: *parce que nous quittons la maison ensemble.*

3 *Le samedi soir, j'aime me coucher tard mais souvent je dois me coucher à neuf heures.*

The student has answered the first part of the question well but has not addressed the *pourquoi* part. A possible answer to this part would be: *J'aime inviter mes ami(e)s chez moi pour regarder un film avant de me coucher.*

4 *Quand je serai plus âgé(e), je n'habiterai plus chez mes parents et je serai plus indépendant(e). Je pense que je ne prendrai pas de petit déjeuner parce que je n'aurai pas faim le matin.*

This is a very well developed answer, including four different verbs in the future tense.

5 *La semaine dernière, je suis allé(e) au supermarché parce que nous n'avions plus de légumes.*

A good answer, including the correct use of the perfect and imperfect tenses. An opinion could be added such as *ce n'était pas très intéressant.*

6 *Chez moi, mon frère fait plus de choses que moi parce qu'il a moins de devoirs. Mes parents font beaucoup de tâches ménagères le weekend.*

Although the French is correct, the student has not responded appropriately to the conditional tense *devraient* ('should') in the question. A better answer would be: *Oui, ce n'est pas juste si une personne fait toutes les tâches ménagères. Tout le monde devrait participer.*

EXAM TIP

In the general conversation, make the most of all opportunities to develop your answers.

Turn to page 109 for more practice with speaking questions.

2C Hobbies and interests

Key vocabulary

se détendre	to relax	**marrant(e)**	funny
le documentaire	documentary	**passionnant(e)**	exciting
l'émission (*f*)	television programme	**le portable**	mobile phone
envoyer	to send	**préféré(e)**	favourite
faire du jardinage	to do gardening	**préférer**	to prefer
faire la cuisine	to cook	**le roman**	novel
faire la grasse matinée	to have a lie-in	**surfer sur Internet**	to surf the web
le feuilleton	soap opera, television series	**tchatter**	to chat (online)
le journal	newspaper	**le temps libre**	free time
lire	to read	**le texto**	text message
le magazine	magazine		

Verb constructions

The verbs *aimer* and *préférer* are often followed by a verb in the infinitive form, without a preposition:

> *Tu aimes **lire** ?*

> *Non, je préfère **regarder** la télévision.*

Other common verbs that work in the same way include *adorer* and *détester*:

> *Nous adorons **jouer** du piano.*

> *Ma famille déteste **faire** du jardinage.*

The verb *jouer* is followed by *de* when connected with a musical instrument and *à* when connected with a game or sport:

> *Tu joues **du violon** ?*

> *Elle joue **à des jeux vidéo**.*

TEST YOURSELF QUESTION

Lis le message. Ensuite, lis les phrases et décide si chaque phrase est vraie ou fausse. Si la phrase est fausse, corrige-la.

Salut Max,

Tu m'as demandé comment ma famille et moi passons notre temps à la maison. Alors, pour commencer, je reste souvent dans ma chambre parce qu'il y a trop de bruit dans le salon et que j'ai toujours des devoirs à faire. Et puis je passe beaucoup de temps à lire, alors que mes deux frères préfèrent regarder la télévision. Ils jouent de la guitare aussi et je dois écouter ça ! Tout le monde surfe sur Internet, surtout mon grand frère qui préfère jouer sur l'ordinateur plutôt que de faire ses devoirs. Ma mère ne se détend pas beaucoup à la maison car elle part tôt le matin pour le travail et rentre tard le soir. Quelquefois, elle regarde un film après le repas du soir. Quant à mon père, il travaille de longues heures aussi mais il préfère faire du jardinage quand il est libre. Le weekend, ma mère et mon père font la grasse matinée.

Mina

1 Mina fait ses devoirs dans le salon.
2 Mina aime regarder la télévision.
3 Les frères de Mina écoutent de la musique.
4 Le grand frère de Mina aime jouer à des jeux électroniques.

5 La mère de Mina passe la plus grande partie de la journée chez elle.
6 Quelquefois, la mère de Mina mange avant de regarder un film.
7 Le père de Mina aime travailler dans le jardin.
8 Le weekend, les parents de Mina se lèvent tôt.

COMMON PITFALLS

Where a stimulus text refers to different people carrying out different activities, make sure that you match the right activity to the right person. Look carefully at the verb endings, for example.

Key vocabulary

aller chercher	to collect, pick up	**la gymnastique**	gymnastics
avoir lieu	to take place	**la maison des jeunes**	youth centre
se baigner	to go for a swim	**la natation**	swimming
la batterie	drums	**se passer**	to happen
la bibliothèque	library	**le passetemps**	hobby
le centre commercial	shopping centre	**la patinoire**	skating rink
emmener	to take (a person)	**la piscine**	swimming pool
l'équitation (*f*)	horse riding	**la piste de ski**	ski slope
faire la fête	to celebrate, party	**retrouver**	to meet up with
la fête d'anniversaire	birthday party	**le théâtre**	theatre
la fête foraine	funfair		

More verbs followed by the infinitive

G

You can combine the present tense of *aller* with an infinitive to convey the near future, much as in English 'I am going to...'.

*Nous **allons visiter** un musée.*   *Tu **vas** en **parler** à ton père ?*

The modal verbs *devoir*, *pouvoir*, *savoir* and *vouloir* are also followed by the infinitive.

*Je **dois aider** mon frère.*   *Tu **sais nager** ?*

*On **peut prendre** la voiture ?*   *Nous ne **voulons** pas **venir** ce soir.*

TEST YOURSELF QUESTION

Écoute Alexandre parler de son temps libre. Complète les phrases avec un mot de la liste.

1 Alexandre a beaucoup de ....
2 Le .... , il fait de l'équitation.
3 L'équitation, c'est le sport qu'il .... le plus.
4 Le .... , en hiver, il joue au foot.
5 Il est devenu membre de son .... il y a deux ans.
6 Le vendredi soir, il joue au babyfoot avec ses ....

7 Alexandre n'aime pas ....
8 Alexandre et son meilleur copain font beaucoup de .... ensemble.
9 Le .... aide Alexandre à se détendre.
10 Les copains d'Alexandre n'aiment pas aller au ....

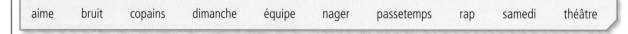

| aime | bruit | copains | dimanche | équipe | nager | passetemps | rap | samedi | théâtre |

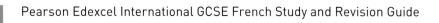

It is illegal to photocopy this page

REVISION TIP

In a gap-fill task, don't always expect to find exactly the same combinations of words in the text and in the statements. Sometimes a statement may contain words from different parts of a sentence in the listening extract.

EXAM-STYLE QUESTION

Mon temps libre

maison   hier   sortir   amusant

Tu écris une réponse de 60 à 75 mots **en français** au sujet de ton temps libre. **Tu dois** employer tous les mots ci-dessus.

Sample answer

À la maison, je joue de la batterie dans ma chambre. Ça fait du bruit et mes parents n'aiment pas ça.

A very good opening paragraph, with verbs in the 3rd person singular and plural forms and an object pronoun used correctly.

Hier, j'ai joué de la batterie dans ma chambre et mes parents n'ont pas aimé ça.

In isolation this is a very good sentence, but it repeats too many words from the previous paragraph even though it is in a different tense. It would be better to write about a different activity that you did yesterday.

Le weekend, j'aime sortir avec mes copains. Quelquefois, nous allons au cinéma s'il y a un bon film.

This is another very good paragraph, including an infinitive construction and a *si*-clause.

J'aime mon collège. Je m'entends bien avec tout le monde. C'est intéressant et amusant.

Although grammatically correct this paragraph does not relate to the set task and will therefore earn no credit. It would be better to write about a free time activity which is fun.

EXAM TIP

In the 60–75 word writing task, allow time to check your work for spelling and grammar.

Turn to page 109 for more practice of this style of writing question.

2D Special occasions

Key vocabulary

ancien(ne)	former	**joyeux (-euse)**	happy
l'anniversaire (*m*)	birthday	**Noël**	Christmas
attendre	to wait	**l'occasion spéciale**	special occasion
le cadeau (les cadeaux)	present	**offrir**	to give (present)
la carte d'anniversaire	birthday card	**passer**	to spend (time)
célébrer	to celebrate	**se rappeler**	to recall, to remember
chanter	to sing	**rencontrer**	to meet
danser	to dance	**rentrer**	to go back home
ensemble	together	**retourner**	to return
entendre	to hear	**rigoler**	to have a laugh
la faute	fault, mistake	**le selfie**	selfie
la fête	celebration, party	**vers**	at about (time)
fêter	to celebrate		

Perfect tense with *avoir*

The perfect tense of most verbs comprises the appropriate form of *avoir* followed by the past participle. Regular verbs follow a set pattern, but irregular verbs need to be learned individually.

- Regular -*er*: donner   j'ai donné
- Regular -*ir*: finir   tu as fini
- Regular -*re*: vendre   ils/elles ont vendu

Irregular examples

prendre	voir
j'ai pris	j'ai vu
tu as pris	tu as vu
il/elle/on a pris	il/elle/on a vu
nous avons pris	nous avons vu
vous avez pris	vous avez vu
ils/elles ont pris	ils/elles ont vu

Dates

To translate 'on (a date)', use *le*:

*Nous allons arriver **le** douze mars.*

*Qu'est-ce que vous avez fait **le** 14 juillet ?*

G

TEST YOURSELF QUESTION

Dis quand tu as fait chaque activité pour la dernière fois, en mettant le verbe au passé composé. Par exemple :

fêter Noël → J'ai fêté Noël le 25 décembre.

téléphoner à un(e) ami(e) → J'ai téléphoné à une amie hier soir.

1 inviter des ami(e)s
2 donner un cadeau à quelqu'un
3 fêter un anniversaire
4 danser
5 retrouver des ami(e)s
6 acheter un cadeau
7 choisir une carte d'anniversaire
8 prendre des photos
9 écouter quelqu'un chanter
10 voir des gens heureux

REVISION TIP

Remember to pronounce the *j'ai* clearly — as if it were spelled *jé* — in order to signpost the perfect tense. With regular -*er* verbs, you will make the same sound twice: *j'ai parlé*, *j'ai rencontré*.

It is illegal to photocopy this page

Learn which *-ir* and *-re* verbs are irregular in the perfect tense. For example, the perfect tense of *mettre* does not end in *-u* and is *j'ai mis*.

Key vocabulary

le bal	dance, ball	**le mariage**	wedding
la cérémonie	ceremony	**se marier**	to get married
connaitre	to know (person, place)	**les mariés** (*m*)	married couple
l'église (*f*)	church	**les préparatifs** (*m*)	preparations
l'épouse (*f*)	wife	**présenter**	to introduce
épouser	to marry	**la réception**	reception
l'époux (*m*)	husband	**religieux (-euse)**	religious
l'évènement (*m*)	event	**souhaiter**	to wish
le feu d'artifice	fireworks	**suivre**	to follow
se fiancer	to get engaged	**traditionnel(le)**	traditional
s'habiller	to get dressed	**la vie**	life
la mairie	town hall		

Perfect tense with *être*

The perfect tense of some verbs, including all reflexive verbs, is formed with *être* not *avoir*. These verbs need to agree with their subject, as in these examples:

aller elle est allée   partir je suis parti(e)   s'amuser nous nous sommes amusé(e)s

TEST YOURSELF QUESTION

Lis ces quatre messages au sujet d'une fête récente.

Noham
Je me suis bien amusé, surtout parce que mes copains étaient tous là. J'étais un des premiers à arriver, donc j'ai donné un coup de main avec les préparatifs – la musique, les boissons etc. Je n'avais pas envie de danser mais ce n'était pas grave. Le gâteau d'anniversaire était délicieux et c'était génial de voir Luc ouvrir ses cadeaux. Une fête à ne pas oublier !

Alicia
La soirée a mal commencé. Juste avant de quitter la maison j'ai reçu un coup de téléphone de mon père. La conversation a été longue et difficile. La fête a commencé à six heures, mais je ne suis arrivée qu'à sept heures et demie. Et puis je me suis rendu compte que mon cadeau était toujours dans ma chambre – j'étais tellement pressée que je n'y ai pas pensé. Et puis, ce n'est pas tout. J'ai renversé du jus de cassis sur la robe de ma meilleure copine !

Gabrielle
J'ai demandé à ma mère de m'emmener à la fête pour être sure de ne pas arriver en retard. J'ai dansé, j'ai chanté et j'ai bien mangé – mais je n'avais plus faim quand les autres invités ont partagé le gâteau d'anniversaire. Luc a reçu beaucoup de cadeaux. Malheureusement ma mère est venue me chercher à neuf heures. Les autres sont restés jusqu'à minuit.

Valentin
Je n'avais pas trop envie d'aller à cette fête parce que je ne connaissais personne. Mais en fait, je n'avais aucune raison de m'inquiéter. Tout le monde a rigolé en écoutant la musique et en jouant à des jeux. J'ai fini par chanter « Bon anniversaire » aussi fort que possible ! À la fin de la soirée, Luc a ouvert tous ses cadeaux, tout le monde a eu une part de gâteau et on est rentrés chez nous très contents.

Qui...

1 a dû quitter la fête tôt ?
2 a été agréablement étonné(e) par la fête ?
3 est arrivé(e) en retard ?
4 a été content(e) de revoir ses copains ?
5 a fait beaucoup de bruit ?
6 a oublié quelque chose ?
7 a aidé un peu ?
8 a fait une bêtise ?
9 n'a pas pu manger du gâteau ?

REVISION TIP

When tackling an extended text, read it fully to grasp its gist before looking at the questions.

EXAM-STYLE QUESTION

Une fête d'anniversaire

Zachary parle d'une fête d'anniversaire. Note les détails en français ou en chiffres.

Exemple : Nom de la sœur de Zachary : ....*Carole*..........................

(a) Âge de Zachary maintenant : .... (1)
(b) Nombre d'amis que Zachary a invités : .... (1)
(c) Moyen de transport : .... (1)
(d) Plat préféré de Zachary : .... (1)
(e) Genre de film : .... (1)
(f) L'heure du retour à la maison : .... (1)

[Total = 6 marks]

Sample answer

(a) 15

The correct answer is 16. It is worth revising all numerals, especially those such as *seize* where the pronunciation may cause difficulty.

(b) 4

Correct. The student has recognised the correct numeral even though the words around it have the potential to cause confusion.

(c) train *pour y aller*

The correct answer is *train*, which the student appears to have understood. However, the copying of an extra phrase makes the answer unclear.

(d) restaurant italien

Although it is true that Zachary went to an Italian restaurant, that is not a dish as such. The correct answer is *pizza(s)*.

(e) aventures

Correct. The student has successfully isolated the word *aventures* from the phrase *film d'aventures*.

(f) 17.00

The correct answer is 17.30 or 5.30. The student appears not to have understood the words *et demie*.

EXAM TIP

In this type of exercise, don't write more than is necessary. Just give the details that are asked for.

Turn to page 110 for more practice of this style of listening question.

It is illegal to photocopy this page

Key vocabulary

l'agence (*f*) de voyages	travel agent	faire du vélo	to go cycling
attendre avec impatience	to look forward to	le lieu	place
se baigner	to swim, to bathe	la montagne	mountain
au bord de la mer	by the sea	le/la propriétaire	owner, landlord
le camping-car	camper van, motor home	la randonnée	hike
la croisière	cruise	les renseignements (*m*)	information
dehors	outside	le séjour	stay, holiday
le dépliant	leaflet	le site touristique	tourist place
à l'étranger	abroad	les vacances (*f*)	holidays
faire de la voile	to go sailing	visiter	to visit (a place)
faire du cheval	to go horse riding		

Prepositions with places ⓖ

The following prepositions can all mean either 'in/at' or 'to', depending on the verb:

- *à* + towns, islands

  Elle habite à Paris.   *Nous sommes allés à Chypre.*

- *en* + feminine countries

  Je passe mes vacances en Espagne.   *Vous allez en Belgique ?*

- *au* + masculine countries

  Il fait chaud au Maroc.   *Nous voulons aller au Canada.*

- *aux* + plural countries

  C'est bien de faire du vélo aux Pays-Bas.   *Pourquoi ne pas aller aux États-Unis ?*

REVISION TIP

Practise building sentences by using a small number of key words or phrases as a starting point and joining them together in a meaningful way. For example, on the holiday topic, you might start with the words and phrases *juillet, vacances, parc national, randonnées*, and then form a sentence such as: *En juillet, nous sommes allés en vacances dans un parc national où nous avons fait beaucoup de randonnées.*

TEST YOURSELF QUESTION

Imagine que tu planifies tes vacances pour les cinq prochaines années. Écris cinq phrases ; mentionne à chaque fois la destination, la raison de ton choix et deux activités que tu espères y faire. Par exemple :

L'année prochaine, je voudrais passer mes vacances en Suisse parce que j'aime la montagne et qu'on y parle français. En Suisse, j'espère faire des randonnées et je veux visiter la ville de Lausanne. Dans deux ans (en 20…), je …

Si tu veux, tu peux utiliser les idées suivantes :

France	mer	visiter des musées
Norvège	soleil	essayer un nouveau sport
Berlin	histoire	aller voir des amis
Majorque	calme	faire du shopping
États-Unis	touristique	apprendre une nouvelle langue

COMMON PITFALLS

The verb *visiter* is used only when referring to places, and often has the idea of sightseeing. To say that you are visiting a person, it is best to use the verb construction *aller voir*, for example: *Je vais voir ma cousine qui habite au Portugal*. You can also use the expression *rendre visite à*: *Je vais rendre visite à ma cousine qui habite au Portugal*.

Key vocabulary

bien connu(e)	well known	**la pièce de théâtre**	play
la chanson	song	**se promener**	to go for a walk
le cœur	heart	**la rue piétonne**	pedestrian street
découvrir	to discover	**la renommée**	renown, reputation
facile d'accès	easily accessible	**la rue commerçante**	shopping street
la galerie d'art	art gallery	**séjourner**	to stay (somewhere)
impressionnant(e)	impressive	**le spectacle**	show
la location	rental, hiring	**surpris(e)**	star (show business)
louer	to rent, to hire	**la vue**	view
le musée	museum		

Future tense $\;$ G

For all regular -*er*, -*ir* and -*re* verbs, and for many irregular verbs, you form the future tense by adding the future endings to the infinitive (having taken off the final -*e* in the case of -*re* verbs).

donner	*finir*	*vendre*	*sortir*
je donnerai	*je finirai*	*je vendrai*	*je sortirai*
tu donneras	*tu finiras*	*tu vendras*	*tu sortiras*
il/elle donnera	*il/elle finira*	*il/elle vendra*	*il/elle sortira*
nous donnerons	*nous finirons*	*nous vendrons*	*nous sortirons*
vous donnerez	*vous finirez*	*vous vendrez*	*vous sortirez*
ils/elles donneront	*ils/elles finiront*	*ils/elles vendront*	*ils/elles sortiront*

Some irregular verbs have a different stem from the infinitive, for example:

avoir	*être*	*venir*	*faire*
j'aurai	*je serai*	*je viendrai*	*je ferai*
tu auras	*tu seras*	*tu viendras*	*tu feras*
il/elle aura	*il/elle sera*	*il/elle viendra*	*il/elle fera*
nous aurons	*nous serons*	*nous viendrons*	*nous ferons*
vous aurez	*vous serez*	*vous viendrez*	*vous ferez*
ils/elles auront	*ils/elles seront*	*ils/elles viendront*	*ils/elles feront*

TEST YOURSELF QUESTION

Écoute cette publicité pour la ville de Bordeaux. Réponds aux questions en français. Il n'est pas toujours nécessaire d'écrire des phrases complètes.

1 Qu'est-ce que l'écrivain Stendhal pensait de Bordeaux ?
2 Combien de bâtiments historiques la ville compte-t-elle ?
3 Depuis quand la ville est-elle classée au patrimoine mondial de l'Unesco ?
4 Quand le centre-ville de Bordeaux est-il fermé à la circulation ?
5 Si on ne veut pas se déplacer à pied, quel autre moyen de transport est recommandé ?
6 Quels exemples de monuments sont mentionnés ? (2 points)
7 Pour quoi la rue Sainte-Catherine est-elle connue ?
8 Pourquoi est-ce une bonne idée de visiter Bordeaux au printemps ?
9 Où est-il recommandé d'aller si on visite la ville en été ?

EXAM-STYLE QUESTION

Coche la bonne case ☒.

Mes projets de vacances

Cette année, mon père, ma sœur et moi, nous passerons quinze jours dans le sud de la France. Nous prendrons la voiture parce qu'il n'est pas facile d'y aller en train ou en avion (ce n'est pas direct). Nous dresserons notre tente sur le terrain au milieu des bois à 200 mètres de la plage. Ce sera très tranquille et nous pourrons nous relaxer tous les jours. S'il fait beau nous irons bronzer. Nous ferons du cheval aussi car j'adore cela. Nous préparerons nos repas nous-mêmes car c'est plus agréable et moins cher qu'au restaurant.

Hugo

Exemple : Hugo partira en vacances …
☐ **A** seul.
☐ **B** avec un copain.
☐ **C** avec des amis.
☒ **D** avec sa famille.

(a) Hugo partira pour …
☐ **A** une semaine.
☐ **B** deux semaines.
☐ **C** quelques semaines.
☐ **D** quinze semaines.

(b) Hugo voyagera …
☐ **A** en voiture.
☐ **B** en autobus.
☐ **C** en train.
☐ **D** en avion.

(c) Hugo dormira …
☐ **A** dans un hôtel.
☐ **B** dans un gite.
☐ **C** chez des amis.
☐ **D** dans un camping.

(d) Hugo séjournera …
☐ **A** près d'une ville.
☐ **B** près de la mer.
☐ **C** près de la montagne.
☐ **D** près de chez lui.

(e) Hugo aime …
☐ **A** faire du vélo.
☐ **B** faire du ski nautique.
☐ **C** faire de l'équitation.
☐ **D** faire de la voile.

(f) Hugo pense que manger au restaurant est …
☐ **A** cher.
☐ **B** tranquille.
☐ **C** agréable.
☐ **D** fermé.

[Total = 6 marks]

Sample answer

(a) D

The correct answer is B, because *quinze jours* is another way of saying *deux semaines*.

(b) A

Correct.

(c) B

The correct answer is D, because the reference to a tent means he is camping.

(d) B

Correct.

(e) A

The correct answer is C, because *faire du cheval* is another way of saying *faire de l'équitation*.

(f) A

Correct.

EXAM TIP

In a multiple-choice question, watch out for negative expressions.

Turn to page 110 for more practice of this style of reading question.

Key vocabulary

s'arrêter	to stop	inclus(e)	included
l'auberge de jeunesse (*f*)	youth hostel	loger	to stay (in a place)
le balcon	balcony	louer	to rent, to hire
le bruit	noise	la réception	reception
la chambre d'hôte	bed and breakfast	rencontrer	to meet
la climatisation	air conditioning	le séjour	stay
compris(e)	included	la tente	tent
donner sur	to look out on to	le terrain de camping	camp site
faire la connaissance de	to get to know	tranquille	calm
le gite	holiday cottage	la vue	view

Adverbs of time and place **G**

Commonly used adverbs include:

de temps en temps	from time to time
d'habitude	usually
rarement	rarely
souvent	often
tard	late
tôt	early
toujours	always
tout de suite	straight away
dedans	inside
dehors	outside
là-bas	over there
partout	everywhere

The pronoun *y* can mean 'there'. It follows the usual word order rule for a pronoun:

J'y vais.	I'm going there.
Je n'y vais pas.	I'm not going there.
J'y suis allé(e).	I have gone/been there.
Je vais y aller.	I am going to go there.

TEST YOURSELF QUESTION

Lis ce blog où Éva parle de ses vacances. Complète le texte avec un mot choisi dans la liste. Attention ! il y a quatre mots de trop.

Ici Éva ! Je viens de passer mes vacances en Italie.

D'habitude, nous **(a)**................ dans une auberge de jeunesse, mais cette année nous avons décidé de **(b)**................ du camping. Nous avons choisi un beau **(c)**................ de camping près d'un lac et nous **(d)**................ sommes restés dix jours.

En arrivant, nous avons fait la **(e)**................ d'une autre famille. Nous avons fait des jeux ensemble. Il faisait très beau, donc nous sommes restés **(f)**................ tous les soirs. Un jour, nous avons **(g)**................ des vélos.

Je recommande ce camping car il est **(h)**................ et la vue est magnifique. Il y avait des oiseaux partout, et pas trop de voitures. Le seul problème, c'est que mon frère n'aime pas dormir sous une **(i)**................ . Lui, il préférerait loger dans un **(j)**................ , avec toutes les commodités.

Éva

bruit	logeons	tente
connaissance	loué	terrain
dehors	regardons	tranquille
faire	rencontré	y
gite	souvent	

REVISION TIP

When filling gaps, look for the right part of speech (noun, verb etc.) as well as the right meaning.

Key vocabulary

le bâtiment	building	**le pont**	bridge
le carrefour	crossroads	**pour aller à … ?**	how do I get to … ?
le centre-ville	town centre	**prochain(e)**	next
à droite	on the right	**la rivière**	river
à gauche	on the left	**le rondpoint**	roundabout
les feux (*m*)	traffic lights	**la route**	road
loin	a long way	**la rue**	street
l'office de tourisme (*m*)	tourist office	**suivre**	to follow
le passage pour piétons	pedestrian crossing	**tout droit**	straight ahead
le plan de la ville	town plan	**traverser**	to cross

Ceci, cela and *ça*

G

In principle *ceci* means 'this' and *cela* means 'that' when not referring to a specific noun. However, French sometimes uses *cela* to mean 'this', as in the asterisked* example below. The word *ça* is a shortened form of *cela*, used mainly in speech.

> *Ceci est un plan du centre-ville.*
> This (right in front of me) is a town centre plan.

> *Vous aurez besoin de ceci.*
> You will need this (object I am giving you).

> *Après cela, nous irons regarder un film.*
> After that we'll go and watch a film.

> *Tu peux trouver cela avec ton portable.*
> You can find that (or this) on your phone.*

> *Oui, c'est ça !*
> Yes, that's it.

TEST YOURSELF QUESTION

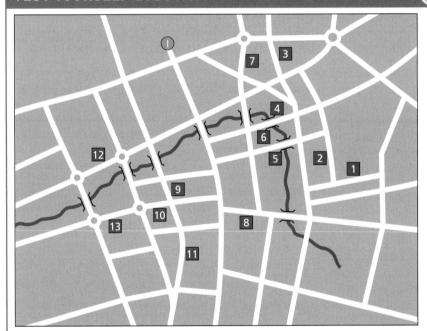

Tu es à l'office de tourisme ⓘ. Regarde le plan et écoute les directions.
Écris le numéro qui correspond à chaque destination.

Destination	Numéro
le bureau de poste	
l'hôpital	
le commissariat de police	
le musée	
le cinéma	
la piscine	

REVISION TIP

When practising listening activities, be prepared to pause the recording frequently and listen to passages again so that you understand the detail.

It is illegal to photocopy this page

EXAM-STYLE QUESTION

Holidays, tourist information and directions

1 Décris cette image.
2 Quels articles vois-tu sur la table ?
3 À ton avis, qu'est-ce que ces personnes vont faire ce soir ?
4 Que penses-tu de ce terrain de camping ?
5 Pourquoi est-il important de se relaxer pendant les vacances ?

Sample answer

1 *Je vois plusieurs personnes. Ils font du camping.*

The answer is correct but could be improved by linking the two sentences with *qui*. The student could also add something about the campsite such as *près d'un lac*.

2 *Je vois des bols, des verres et un peu de nourriture.*

Again, the answer is correct, but the repetition of *je vois* could be avoided by saying, for example, *il y a*. The student could also add a comment such as *Ils ont fini de manger*.

3 *Ce soir, s'il fait beau, ces personnes vont peut-être faire une promenade autour du lac.*

A good answer, including a *si*-clause and the correct use of *aller* + infinitive.

4 *Il a l'air tranquille. Je n'aime pas le camping quand il fait mauvais.*

The first sentence is fine, but the second sentence does not relate to the question. It would be better to make a comment on this site such as: *Il n'y a pas trop de tentes et on peut se détendre.*

5 *Parce que nous travaillons dur toute l'année.*

This is a good beginning. The student could add a further comment such as: *Se reposer est bon pour la santé.*

EXAM TIP

In the picture task, try to extend your answers wherever possible in order to gain higher marks.

Turn to page 111 for more practice with speaking questions.

It is illegal to photocopy this page

3A Life in the town and rural life

Key vocabulary

la banque	bank	**la gare routière**	coach station
la bibliothèque	library	**la gendarmerie**	police station
la boucherie	butcher's	**l'hôpital** (*m*)	hospital
la boulangerie	bakery	**l'hôtel** (*m*) **de ville**	town hall
la boutique	(small) shop	**le jardin public**	park
le centre sportif	sports centre	**le magasin**	shop
le château	castle	**la poste**	post office
le commissariat de police	police station	**le stade**	stadium
l'épicerie (*f*)	grocery	**le supermarché**	supermarket
la gare	railway station	**le syndicat d'initiative**	tourist office

Connectives

Make your sentences longer and more varied by using conjunctions and adverbs such as:

alors	then	*de plus*	in addition	*parce que*	because
car	because	*donc*	so, therefore	*puis*	then, next
cependant	however	*mais*	but	*quand*	when
comme	as	*ou*	or	*si*	if

TEST YOURSELF QUESTION

Où va-t-on ? Lis les phrases et écris où chaque personne doit aller.

Exemple : 1 à la poste

1 Je veux acheter des timbres.
2 Nous n'avons plus de pain !
3 Pour le déjeuner, on a besoin de viande.
4 Nous devons acheter des fruits et des légumes.
5 Je vais prendre le train.
6 Ce matin, on pourrait jouer au badminton.
7 Je voudrais trouver un livre à lire pendant les vacances.
8 Tu veux aller voir un match de foot cet après-midi ?
9 Nous avons besoin de dépliants sur la ville.
10 On m'a volé mon portable. Je dois déclarer le vol.

Maintenant, écris des phrases avec l'infinitif, par exemple :

1 On va à la poste pour acheter des timbres.

COMMON PITFALLS

When writing the French for 'at a place' or 'to a place', be sure to use the correct version of the preposition: *au, à la, à l'* or *aux*.

REVISION TIP

The pronoun *on* is useful when you don't need or don't want to specify who is doing something. It can mean 'we', 'they' or 'people in general'.

Key vocabulary

l'ambiance (*f*)	atmosphere, feel	**le jardinage**	gardening
le calme	peace and quiet	**de moins en moins**	less and less
la campagne	countryside	**le paysage**	landscape
charmant(e)	delightful	**la pêche**	fishing
les distractions (*f*)	amusements, entertainment	**la place**	square (in town)
dynamique	vibrant	**de plus en plus**	more and more

Hodder & Stoughton Limited © Paul Shannon

pollué(e)	polluted			**les transports** (*m*) **en commun**	public transport		
la pollution	pollution			**urbain(e)**	urban		
rural(e)	rural			**la variété**	variety		
le sport nautique	water sport						

Quantifiers

To add subtlety to your descriptions and opinions, you can use adverbs such as:

assez	fairly, enough, quite	*moins*	less	*tout à fait*	completely
		peu	not much, not many	*très*	very
certainement	certainly	*plus*	more	*trop*	too
énormément	hugely	*si*	so	*un peu*	a little
extrêmement	extremely	*tellement*	so, really	*vraiment*	really, truly

TEST YOURSELF QUESTION

Lis le message. Ensuite, lis les phrases et décide si chaque phrase est vraie ou fausse. Si la phrase est fausse, corrige-la.

Salut Clara,

Comme tu le sais, je viens de déménager avec ma famille pour habiter à Lyon, la troisième plus grande ville de France. C'est tout à fait différent de la petite ville de Sigean, dans le département de l'Aude, où nous habitions avant.

À Sigean, la vie était assez tranquille. Ça me plaisait bien, mais ma sœur s'ennuyait un peu parce qu'elle voulait sortir et qu'il n'y avait pas tellement de distractions. Souvent, elle se rendait à Narbonne pour retrouver ses copines et aller au cinéma. Et moi, j'aimais le collège de Sigean où je m'entendais bien avec les professeurs. Nous habitions au centre-ville mais dans une rue piétonne, donc ce n'était pas trop pollué. Cependant, il y avait peu de transports en commun, donc on devait toujours prendre la voiture.

Ici à Lyon, nous habitons un quartier agréable à 5 km du centre-ville et les autobus circulent toutes les quinze minutes. Mais il y a plus de bruit qu'à Sigean et les gens sont moins accueillants. Mes parents sont contents parce que les magasins sont tout près et qu'ils peuvent se rendre plus rapidement au travail. Je pensais que les espaces verts allaient me manquer mais en fait ce n'est pas le cas. Nous avons un beau jardin public à 200 m de notre appartement, mais on est plus loin de la vraie campagne.

Gabriel

1 Gabriel a récemment déménagé.
2 Avant de déménager Gabriel habitait dans l'Aude.
3 Gabriel trouvait la vie à Sigean bruyante.
4 Gabriel voulait sortir, mais à Sigean il n'y avait pas beaucoup de possibilités.
5 La sœur de Gabriel se rendait dans une autre ville pour aller voir des films.
6 Au collège de Sigean, Gabriel avait de bonnes relations avec ses professeurs.

7 À Sigean, la famille de Gabriel prenait l'autobus.
8 Gabriel trouve les habitants de Sigean moins accueillants que ceux de Lyon.
9 À Lyon, les parents de Gabriel mettent moins de temps à aller au travail.
10 À Lyon, Gabriel habite trop loin d'un espace vert.

EXAM-STYLE QUESTION

Tu vas entendre deux jeunes Français parler de la ville et de la campagne. Qu'est-ce qu'ils disent ?

Coche ☒ les **6** bonnes cases.

Exemple : Soukenya habite …
- ☐ **A** dans un village.
- ☒ **B** dans une ville.
- ☐ **C** à la campagne.
- ☐ **D** au bord de la mer.

(a) Soukenya trouve sa ville …
- ☐ **A** jolie.
- ☐ **B** animée.
- ☐ **C** ennuyeuse.
- ☐ **D** dangereuse.

(b) Soukenya ne peut plus aller …
- ☐ **A** aux magasins.
- ☐ **B** à la bibliothèque.
- ☐ **C** au cinéma.
- ☐ **D** au centre sportif.

(c) La famille de Soukenya …
- ☐ **A** a récemment déménagé.
- ☐ **B** vient d'arriver dans cette ville.
- ☐ **C** va trouver un autre logement dans cette ville.
- ☐ **D** va quitter cette ville.

(d) Youssou …
- ☐ **A** n'habite plus à la campagne.
- ☐ **B** va déménager.
- ☐ **C** apprécie le calme de la campagne.
- ☐ **D** pense qu'il y a trop de pollution à la campagne.

(e) Tous les jours, la famille de Youssou …
- ☐ **A** prenait l'autobus.
- ☐ **B** marchait.
- ☐ **C** prenait la voiture.
- ☐ **D** faisait du vélo.

(f) L'appartement de la famille de Youssou se trouve …
- ☐ **A** près du cinéma.
- ☐ **B** en face de la piscine.
- ☐ **C** à 500 mètres du centre sportif.
- ☐ **D** à 10 minutes de la place du marché.

[Total = 6 marks]

Sample answer

(a) A

The correct answer is C. The word *joli* in the recording refers to the countryside, not the town.

(b) C

Correct. The student has understood from the phrase *le cinéma est fermé* that Soukenya can no longer go there.

(c) A

The correct answer is D. Statement A is in the perfect tense, whereas the recording refers to the future: *nous allons bientôt déménager.*

(d) A

Correct. The student has understood the contrast between the imperfect and present tenses in the sentence *Avant, nous habitions à la campagne, mais maintenant, nous habitons en plein centre-ville.*

(e) C

Correct. The student has understood the phrase *nous devions prendre la voiture tous les jours.*

(f) C

The correct answer is A. The cinema and theatre are 500 metres away. For the sports centre it's a bus ride.

EXAM TIP

In a multiple-choice task, don't jump straight to an answer that appears to be correct. Take your time to consider all the options.

Turn to page 111 for more practice of this style of listening question.

Key vocabulary

l'alimentation générale	food shop	**le marché couvert**	covered market
la bijouterie	jeweller's shop	**la nourriture**	food
la charcuterie	pork butcher's, delicatessen	**le parfum**	flavour (food); perfume (scent)
essayer	to try	**la parfumerie**	perfume shop
faire les courses	to go shopping (for food etc.)	**la pâtisserie**	cake shop
frais (fraiche)	fresh	**la pharmacie**	chemist's
gouter	to taste	**la poissonnerie**	fishmonger
l'hypermarché (*m*)	hypermarket	**le produit**	product
la librairie	bookshop	**la qualité**	quality
en libre-service	self-service (counter, shop)		
le marchand/ la marchande	dealer, shopkeeper		

Demonstrative adjectives and pronouns **G**

In French the choice of word meaning 'this', 'that', 'these' or 'those' depends on the gender of the noun that follows. There is a special form before masculine nouns beginning with a vowel. For example:

ce produit (masculine)
cet article (masculine, beginning with a vowel)
cette boutique (feminine)
ces provisions (plural)

If you need to distinguish between 'this' and 'that', or between 'these' and 'those', you can add the suffix -*ci* or -*là* to the noun:

ce produit-ci = this product
ce produit-là = that product

The pronouns meaning 'this one', 'that one', 'these (ones)' and 'those (ones)' are *celui* (masculine), *celle* (feminine), *ceux* (masculine plural) and *celles* (feminine plural). Again you can add the suffix -*ci* or -*là* if necessary. For example, referring to a masculine noun:

— *Vous voulez celui-ci ?*
— *Non, je préfère celui que vous m'avez montré hier.*

TEST YOURSELF QUESTION

Yasmine et son frère Amir vont faire les courses. Écoute leur conversation. Lis les phrases. Dans chaque phrase il y a un détail souligné qui ne correspond pas à la conversation. Écris les mots corrects en français.

1 Yasmine et Amir n'ont plus d'œufs.
2 Papa a acheté du pain hier.
3 Yasmine et Amir décident d'acheter du pain au supermarché.
4 Il y a des croissants dans le congélateur.
5 Au coin de la rue, il y a un petit supermarché.
6 Yasmine doit acheter du dentifrice pour son frère.
7 Les fruits sont moins chers au marché.
8 Yasmine et Amir vont faire les courses à pied.

REVISION TIP

It can be hard to keep track of who is speaking in a listening task. Jot down the names as you hear each speaker to help you follow.

It is illegal to photocopy this page

Key vocabulary

l'achat (*m*)	purchase	**en promotion**	on special offer
le coton	cotton	**le remboursement**	refund
court	short	**rembourser**	to refund
le cuir	leather	**serré(e)**	tight
dépenser	to spend	**la soie**	silk
la laine	wool	**les soldes** (*m*)	sales
large	wide	**la taille**	size
la marque	brand	**le tissu**	material
le paquet-cadeau	gift-wrapped parcel	**le vendeur/la vendeuse**	shop assistant
la pointure	shoe size		

Interrogatives

'Who' can be translated as follows:

- *Qui ...? / Qui est-ce qui ...?* when it is the subject of the verb:

  ***Qui** va faire les courses ? / **Qui est-ce qui** va faire les courses ?*

- *Qui ...? / Qui est-ce que ...?* when it is the object of the verb, or after a preposition:

  ***Qui** avez-vous vu ? / **Qui est-ce que** vous avez vu ? Avec **qui** pars-tu en vacances ? / Avec **qui est-ce que** tu pars en vacances ?*

'What' can be translated as follows:

- *Qu'est-ce qui ...?* when it is the subject of the verb:

  ***Qu'est-ce qui** ne va pas ?*

- *Que ...? / Qu'est-ce que ...?* when it is the object of the verb:

  ***Que** désirez-vous ? / **Qu'est-ce que** vous désirez ?*

- *Quoi ...?* on its own or after a preposition:

  ***Quoi** ? Ce n'est pas vrai !*
  *De **quoi** parles-tu ?*

'Which' can be translated as follows:

- *Quel(le)(s) ...?* when referring specifically to a noun:

  ***Quelle** marque préfères-tu ?*

- *Lequel/laquelle/lesquels/lesquelles ...?* mean 'which one(s):

  ***Laquelle** préfères-tu ?*

TEST YOURSELF QUESTION

Complète les phrases pour créer de courts dialogues. Tu peux utiliser les idées de la case page 48 si tu en as besoin.

1 Quels .... ?
   Dans mon village, il y a une épicerie, une boulangerie et une boucherie.
2 Qu'est-ce qu' .... ?
   Au marché, on peut acheter toutes sortes de fruits et de légumes.
3 Quelles .... ?
   Je vais prendre ces bananes-ci parce qu'elles ne sont pas trop mures.
4 Est-ce que .... ?
   Je voudrais un pantalon bleu marine.
5 J'aime bien ce pullover.
   .... ?
   Celui que la vendeuse m'a montré.

6 Que .... ?
  Nous voudrions acheter des lunettes de soleil.
7 Je voudrais essayer la robe.
  .... ?
  Celle qui est derrière vous.
8 C'est l'anniversaire de grand-mère. Qu'est-ce qu' .... ?
  Des fleurs, peut-être ?
9 Quel .... ?
  Pour maman, je vais commander le sac en cuir.

...bananes préférez-vous ?	...on peut acheter au marché ?
...cadeau vas-tu commander pour ta mère ?	...on va lui acheter ?
...désirez-vous ?	Laquelle ?
...magasins y a-t-il dans ton village ?	Lequel ?
	Je peux vous aider ?

Ensuite, invente d'autres réponses aux questions que tu as créées.

COMMON PITFALLS

Take care with the pronunciation of complex question phrases, especially *Qu'est-ce que ?* which sounds like 'kesk(er)' and *Qu'est-ce qui ?* which sounds like 'keski'.

EXAM-STYLE QUESTION

Lis l'e-mail de Charlotte, puis réponds aux questions **en français**. Il n'est pas nécessaire d'écrire des phrases complètes.

Salut !

Je t'écris pour te raconter ce qui s'est passé samedi dernier. Tu sais que j'ai horreur du shopping. Je préfère faire mes devoirs !

D'abord, je voulais acheter des cadeaux de Noël pour ma famille. Je ne sais jamais quoi acheter. Mon frère a besoin d'un nouveau portable, mais c'est trop cher. Finalement je lui ai pris un bracelet connecté. Pour ma mère, c'est encore plus difficile. Elle aime les vêtements, mais elle veut les essayer avant de les acheter. Après avoir cherché pendant plus d'une heure j'ai trouvé une belle écharpe. Mon père, lui, est très sportif, mais je n'ai rien trouvé pour lui. Je vais devoir commander son cadeau en ligne.

C'était l'heure du déjeuner et j'avais l'intention de piqueniquer, mais il a commencé à pleuvoir, donc mes sandwichs sont restés dans mon sac à dos. Et j'avais faim ! L'après-midi, j'ai cherché des vêtements pour moi. Je suis allée à ma boutique préférée, mais elle était fermée. Alors je suis retournée au centre-ville et j'ai regardé toutes les vitrines. Il n'y avait rien d'intéressant ! Et puis le dernier problème... je voulais rentrer à la maison mais le dernier autobus était parti. J'ai téléphoné à ma mère et elle est venue me chercher en voiture.

Charlotte

1 Qu'est-ce que Charlotte déteste faire ?   [1]
2 Pour quelle occasion Charlotte voulait-elle acheter des cadeaux ?   [1]
3 Qu'est-ce que Charlotte a acheté pour son frère ?   [1]
4 Pourquoi est-il difficile d'acheter des vêtements pour la mère de Charlotte ?   [1]
5 Pendant combien de temps Charlotte a-t-elle cherché un cadeau pour sa mère ?   [1]
6 Comment Charlotte va-t-elle acheter un cadeau pour son père ?   [1]
7 Pourquoi Charlotte n'a-t-elle pas mangé ses sandwichs ?   [1]
8 Pourquoi Charlotte n'a-t-elle rien acheté dans sa boutique préférée ?   [1]
9 En quittant sa boutique préférée, où est-ce que Charlotte est allée ?   [1]
10 Comment Charlotte est-elle rentrée à la maison ?   [1]

[Total : 10]

Sample answer

1 *du shopping*

Correct.

2 *la famille*

The correct answer is *Noël*; the student appears not to have understood *occasion*.

3 *un bracelet connecté*

Correct.

4 *Elle aime les vêtements.*

The correct answer is *Elle veut les essayer*. The student has lifted the wrong phrase from the text, having perhaps misunderstood *essayer*.

5 *une heure*

The correct answer is *plus d'une heure*. It is important to be precise here.

6 *en ligne*

Correct.

7 *Elle avait faim.*

The correct answer is *Il a commencé à pleuvoir*. The student has perhaps not understood the expression *avoir faim*.

8 *Il n'y avait rien d'intéressant !*

The correct answer is *Elle était fermée*. The student has confused two different stages in Charlotte's shopping trip.

9 *au centre-ville*

Correct.

10 *en autobus*

The correct answer is *en voiture*. The student has not fully understood the last section of the text.

EXAM TIP

When writing comprehension answers in French, write only what is necessary to answer the question. Don't include extra material which might confuse your answer.

Turn to page 112 for more practice of this style of reading question.

Key vocabulary

l'achat (*m*)	purchase	la livre (sterling)	pound (currency)
l'appel (*m*)	(telephone) call	l'ordinateur (*m*) portable	laptop
le billet	bank note	la pièce (de monnaie)	coin
la carte de crédit	credit card	la pièce d'identité	identity document
la carte d'identité	identity card	le portable	mobile phone
le colis	parcel	rester en contact avec	to stay in touch with
le compte en banque	bank account	retirer	to withdraw (cash)
déposer	to deposit (cash)	téléphoner à	to phone
le distributeur de billets	cash dispenser	le timbre	postage stamp
le guichet	counter, ticket office		

Relative pronouns (1) Ⓖ

● *Qui* is the subject of the verb that follows, for example:

*la dame **qui habite** en face de chez moi (la dame habite en face de chez moi)*

*un produit **qui est** en promotion (le produit est en promotion)*

● *Que* is the object of the verb that follows, for example:

*le portable **que j'ai acheté** (j'ai acheté le portable)*

*l'employé **que nous connaissons** (nous connaissons l'employé)*

● If the *que* is followed by a verb in the perfect tense, then the past participle has to agree with the gender and number of the noun that it refers back to:

*l'objet **que j'ai perdu***

*les objets **que j'ai perdus***

*la clé **que j'ai perdue***

*les clés **que j'ai perdues***

TEST YOURSELF QUESTION 💬

Qu'est-ce que tu dirais dans les situations suivantes ?

Exemple : 1 Est-ce que je peux changer ces livres sterling en euros ?

1 Tu es à la banque. Tu as des livres sterling mais tu as besoin d'euros.
2 Tu es à la banque. Tu veux savoir combien d'argent tu as sur ton compte.
3 Tu es à la banque. Tu cherches le distributeur de billets automatique.
4 Tu es à la banque. Tu veux savoir si tu peux utiliser ta carte de crédit.
5 Tu es à la poste. Tu veux envoyer un colis et tu veux savoir le prix.

6 Tu es à la poste. Tu veux envoyer trois cartes postales en Angleterre et tu as besoin de timbres.
7 Tu es à la poste. Tu vas envoyer un colis en Espagne et tu veux savoir quand le colis va arriver.
8 Tu es à la poste. Ta sœur collectionne les timbres et tu veux savoir si tu peux y acheter des timbres de collection.

Ensuite, prépare une réponse à chaque question.

REVISION TIP

Practise the different ways of asking questions: inverting the verb and subject, beginning with *est-ce que*, and so on.

Key vocabulary

l'annonce (*f*)	advertisement, announcement	**le parapluie**	umbrella
en argent	made of silver	**perdre**	to lose
la bague	ring	**la perte**	loss
la caisse	checkout, till	**en plastique**	made of plastic
la clé	key	**le portefeuille**	wallet
déclarer	to report	**retrouver**	to recover, to find
les gants (*m*)	gloves	**le sac à main**	handbag
laisser	to leave (an object)	**la valise**	suitcase
les objets perdus	lost property	**le vol**	theft
en or	made of gold	**voler**	to steal

Direct and indirect object pronouns ⓖ

The direct object pronouns are:

me	me
te	you
le/la	him/her/it
nous	us
vous	you
les	them

The indirect object pronouns are:

me	to/for me
te	to/for you
lui	to/for him/her
nous	to/for us
vous	to/for you
leur	to/for them

After a direct object pronoun, if there is a past participle then it must agree with the gender and number of the pronoun:

*Mes **clés** ? Je les ai trouvées.*

TEST YOURSELF QUESTION

Tu vas entendre quatre conversations au bureau des objets trouvés. Remplis la grille en français. Donne autant de détails que possible.

	Objet(s) perdu(s)	Où	Quand
1			
2			
3			
4			

REVISION TIP

Can you predict the next word or phrase in a listening passage? Once you are familiar with a recorded item, play it again, pause the recording at some point and say the next word or phrase. Then restart the recording to see if you were right.

EXAM-STYLE QUESTION

La communication

Écris entre 130 et 150 mots **en français**. Écris un article sur la communication. Tu **dois** mentionner les points suivants.

- Pourquoi tu aimes (ou n'aimes pas) écrire des lettres.
- Comment tu préfères faire des recherches – à la bibliothèque ou en ligne ?
- Ta dernière visite à la bibliothèque.
- Comment tu utiliseras Internet la semaine prochaine.

Sample answer

J'aime écrire des lettres parce que mes copines aiment en recevoir. Mais je n'en écris pas très souvent parce que ça prend du temps. C'est plus facile d'utiliser la messagerie électronique.

A very good response to the first bullet point, especially with the two object pronouns used correctly.

Quand j'ai des devoirs à faire, je préfère chercher des renseignements en ligne. C'est rapide et gratuit. Mais il ne faut pas toujours croire tout ce qu'on trouve sur Internet.

A good response to the second bullet point, using a wide range of grammatical structures. It would be even better if the student made some reference to libraries.

De temps en temps, je vais à la bibliothèque du collège quand je veux lire le journal ou un magazine. C'est très calme et on peut bien se concentrer. Nous avons une bibliothèque dans notre ville aussi, mais les livres sont vieux.

The French is excellent, but the student has answered the bullet point in the wrong tense. A better response would be to describe a recent visit to the library, describing the place and what they did there.

La semaine prochaine, j'enverrai des e-mails à mes amis et je chercherai des renseignements sur Internet pour faire mes devoirs d'histoire. J'écouterai de la musique en ligne et j'utiliserai Skype.

The student has successfully used the future tense of four different verbs. However, there could be more variety of structures, e.g. by including adverbs of frequency or by using verb constructions such as *je voudrais* and *j'ai l'intention de*.

Turn to page 112 for more practice of this style of writing question.

EXAM TIP

In the 130–150 word writing task, use as wide a variety of structures as possible, provided that they are appropriate for the task.

Key vocabulary

l'agriculteur/l'agricultrice	farmer	**le piéton**	pedestrian
bio(logique)	organic	**le plastique**	plastic
la canette	can	**propre**	clean
cassé(e)	broken	**protéger**	to protect
chimique	chemical	**ramasser**	to pick up
les déchets (*m*)	scrap, waste	**recycler**	to recycle
le feu	fire	**sauvage**	wild
la forêt	forest	**sauver**	to save (rescue)
l'incendie (*m*)	fire	**sec (sèche)**	dry
jeter	to throw away	**trier**	to separate
le papier	paper		

Falloir and *devoir* Ⓖ

The verb *falloir* means 'to be necessary' and is only used in the *il* form:

> *Il faut recycler les bouteilles.*
> It is necessary to/We must/People must recycle bottles.

The verb *devoir* means 'must' or 'to have to' and is used in all forms:

> *Je dois réfléchir.*
> I must think.

> *Les gens doivent ramasser leurs détritus.*
> People must pick up their rubbish.

To express the idea of 'must not', you can put *il faut* into the negative form:

> *Il ne faut pas polluer l'eau.*
> We/People must not pollute the water.

You can also use other constructions such as:

> *On n'a pas le droit de faire des barbecues.*
> We/People must not have barbecues.

> *Les produits chimiques sont interdits.*
> We/People must not use chemicals.

TEST YOURSELF QUESTION

Lis le texte, puis relie les débuts et les fins de phrase. Attention ! il y a trois fins de phrase de trop.

Comment protégez-vous votre environnement ?

Jules

« Chez moi, on recycle les bouteilles, le papier et le plastique, et on essaie de réutiliser les emballages. Il est facile de faire le tri et ça aide à protéger notre monde. Quand je sors, je préfère prendre l'autobus ou le train au lieu de demander à mes parents de m'emmener. Les véhicules polluent l'air et je veux respirer de l'air frais. Il faut aussi penser aux animaux sauvages, donc je ne jette pas mes détritus dans la nature. »

Rose

« Je sais qu'il faut protéger l'environnement, mais ce n'est pas toujours facile. Je n'ai pas le temps de recycler. Cependant, je fais attention à ne pas gaspiller l'eau à la maison, car c'est une ressource très précieuse. Dans notre jardin, nous avons un composteur domestique dans lequel nous déposons nos déchets organiques de cuisine. C'est bien pour les vers de terre et les insectes. Quand je suis en vacances, je respecte toujours la nature. »

1	Jules fait beaucoup de…	a	voiture.
2	Jules essaie de ne pas prendre la…	b	eau.
		c	train.
3	Jules essaie de réduire la…	d	recyclage.
4	Pour Rose, le recyclage prend trop de…	e	air.
		f	insectes.
5	Rose économise l'…	g	temps.
6	Rose pense que le composteur domestique est utile pour les…	h	vacances.
		i	pollution de l'air.

Key vocabulary

agir	to act	**interdit(e)**	forbidden
l'aire (*f*)	area, zone	**le parc national** (**les parcs nationaux**)	national park
améliorer	to improve		
la cabane	hut	**en plein air**	in the open air
consommer	to consume	**réfléchir**	to think
le covoiturage	car-sharing	**résoudre**	to solve
la découverte	discovery	**respecter**	to follow, to observe (a rule, a law etc.)
économiser	to save (use less)		
l'emballage (*m*)	packaging	**réutiliser**	to reuse
l'espèce (*f*)	species	**le sac en plastique**	plastic bag
le geste	act, deed	**le sentier**	path
		le territoire	land, area

Present participle

G

The present participle of all French verbs ends in *-ant*. It is the equivalent of the '-ing' form in English, but it is used much less often.

The most common construction is *en* + present participle, which can mean 'by …ing', 'while …ing' or 'in …ing':

Je protège l'environnement en recyclant le papier. …by recycling paper.
En me promenant dans la forêt j'ai vu des bouteilles cassées.
While walking in the forest…

Don't be tempted to use the French present participle to describe a continuous action. Instead, use the normal present or imperfect tense:

Je travaille dans le jardin.
I **am working** in the garden.

Je travaillais dans le jardin.
I **was working** in the garden.

TEST YOURSELF QUESTION

Réponds aux questions en français. Écris des phrases complètes et donne autant de détails que possible. Si tu veux, tu peux utiliser les mots de la case.

1 Comment protèges-tu l'environnement quand tu es à la maison ?
2 Comment te déplaces-tu normalement ?
3 Que penses-tu du recyclage ?
4 Pourquoi faut-il réduire l'utilisation de sacs en plastique ?
5 Dans ton école, quels efforts fait-on pour protéger l'environnement ?
6 En ville, comment peut-on réduire la pollution de l'air ?
7 À l'avenir, que feras-tu pour mieux protéger l'environnement ?

8 Quand es-tu allé(e) dans la nature pour la dernière fois ? Qu'est-ce que tu as fait ?
9 Quelle est l'importance des parcs nationaux ?

eau	papier	limitations de vitesse
déchets	poubelle	piétons
composteur	dangereux	emballage
voiture	se dégrader	laisser
pied	conserver	paysages
vélo	lumières	
verre	transports en commun	zones sensibles

COMMON PITFALLS

Take care with negatives, making sure that *ne* and *pas* go in the right place. Remember that if you have two verbs together the negative goes around the first verb.

EXAM-STYLE QUESTION

Tu vas entendre une publicité pour le parc national des Pyrénées. Lis les phrases et choisis la bonne lettre.

A	accueillant	**F**	feux	**K**	région
B	année	**G**	interdite	**L**	vite
C	classé	**H**	longtemps	**M**	voitures
D	environnement	**I**	nécessaire		
E	Espagne	**J**	randonnées		

Exemple : Le parc national des Pyrénées est un territoire …	*C*
(a) Le parc national des Pyrénées est situé à la frontière avec l' …	
(b) Il y a quatre mille espèces d'animaux dans cette …	
(c) En été, c'est bien de faire des …	
(d) Dans le parc, l'utilisation des véhicules quatre-quatre est …	
(e) Jean-Luc a trouvé son hôtel …	
(f) Jean-Luc voulait y rester plus …	

[Total = 6 marks]

Sample answer

(a) E

Correct.

(b) D

The correct answer is K. The demonstrative adjective *cette* needs to be followed by a feminine noun, which rules out *environnement*.

(c) M

The correct answer is J. Although *voitures* is a plural noun that goes after *des*, it does not make sense in this context. The recording refers specifically to hiking in summer.

(d) G

Correct.

(e) L

The correct answer is A. Jean-Luc says nothing about whether he found his hotel quickly, but he does describe it as *accueillant*.

(f) H

Correct. The student has inferred from the phrase *le séjour était trop court* that Jean-Luc wanted to stay longer.

> **EXAM TIP**
>
> Try not to be put off by unfamiliar vocabulary in a listening test. Often the difficult words are not essential for answering the questions.

Turn to page 113 for more practice of this style of listening question.

Key vocabulary

en automne	in autumn	**il y a du brouillard**	it's foggy
en été	in summer	**il y a du vent**	it's windy
en hiver	in winter	**la chaleur**	heat
au printemps	in the spring	**le ciel**	sky
il neige	it's snowing	**la neige**	snow
il pleut	it's raining	**le nuage**	cloud
il fait beau	the weather is fine	**l'orage** (*m*)	storm
il fait chaud	it's hot	**la pluie**	rain
il fait froid	it's cold	**la saison**	season
il fait mauvais	the weather is bad	**la tempête**	storm
il y a du soleil	it's sunny		

Si + present + future   Ⓖ

The conjunction *si* is used with the present and future tenses, for example:

> *S'il **neige**, nous **resterons** à la maison.*
> If it snows, we'll stay at home.

> *S'il **fait** beau, je **ferai** une randonnée.*
> If it's nice, I'll go for a walk.

> *Que **ferez**-vous s'il y **a** du brouillard ?*
> What will you do if it's foggy?

REVISION TIP

Use technology to build your vocabulary. Which app do you find most useful?

TEST YOURSELF QUESTION 🎧

Quel temps va-t-il faire demain ? Écoute les prévisions météorologiques. Coche (✓) les cases appropriées dans la grille.

1								
2								
3								
4								
5								
6								

REVISION TIP

Listen out for time phrases such as *après*, *avant*, *puis*, *ensuite*, which tell you the order in which things happen.

Key vocabulary

actuel(le)	current, present-day	l'inondation (*f*)	flood
s'améliorer	to get better, to improve	le lien	link
le changement	change	le niveau	level
climatique	(of the) climate	le réchauffement	warming
contribuer	to contribute	reculer	to shrink (*lit.* to move back)
dépasser	to exceed		
disparaitre	to disappear	le résultat	result
l'éclaircie (*f*)	bright spell	réussir à	to succeed in
ensoleillé(e)	sunny	la sècheresse	drought
humide	damp	la terre	earth
		le tonnerre	thunder

Subjunctive

The subjunctive is a form of the verb which is used in certain contexts such as after *il faut que, je veux que* and *avant que*. It is not a tense. You are not expected to use the subjunctive in the International GCSE examination, but you may come across it in the French that you see and hear. Therefore, it is useful to be able to recognise it. Here are some examples of regular and irregular verbs in the subjunctive:

jouer	*finir*	*attendre*	*être*	*avoir*	*aller*
je joue	*je finisse*	*j'attende*	*je sois*	*j'aie*	*j'aille*
tu joues	*tu finisses*	*tu attendes*	*tu sois*	*tu aies*	*tu ailles*
il/elle/on joue	*il/elle/on finisse*	*il/elle/on attende*	*il/elle/on soit*	*il/elle/on ait*	*il/elle/on aille*
nous jouions	*nous finissions*	*nous attendions*	*nous soyons*	*nous ayons*	*nous allions*
vous jouiez	*vous finissiez*	*vous attendiez*	*vous soyez*	*vous ayez*	*vous alliez*
ils/elles jouent	*ils/elles finissent*	*ils/elles attendent*	*ils/elles soient*	*ils/elles aient*	*ils/elles aillent*

TEST YOURSELF QUESTION

Lis le texte sur les changements climatiques en Suisse et complète-le en choisissant les bons mots dans la liste.

L'industrie la plus importante en Suisse est le tourisme. Depuis plus de 200 ans des milliers de ……… viennent faire du ski dans les Alpes qui couvrent 60 % de la superficie du ……… . Mais sans neige, on ne peut pas skier. Et la neige se fait de plus en plus rare en Suisse. La Terre se réchauffe et la ……… de ski devient plus courte. Un degré de plus contribue à faire reculer les ……… de plusieurs kilomètres en une dizaine d'années. Les conséquences s'en ressentent dans les stations de ski. Et beaucoup ont du mal à atteindre 100 jours d'……… avec de la neige naturelle.

La neige est importante non seulement pour le tourisme mais aussi pour l'……… et la végétation. La neige retient l'eau en hiver et la libère au printemps et en ……… . La neige protège également la végétation du gel. Un autre problème, c'est que la Suisse connait des périodes de sècheresse de plus en plus fréquentes. Et en même temps, la consommation d'eau augmente : les ……… en ont besoin pour l'irrigation de leurs terres et les stations de ski stockent de l'eau pour enneiger artificiellement leurs pistes en hiver.

agriculteurs	été	ouverture	saison
eau	glaciers	pays	touristes

COMMON PITFALLS

When describing the weather, don't use the verb *il fait* with *pleut* and *neige*, because *pleuvoir* and *neiger* are verbs in their own right. You just say: *il pleut, il neige.*

EXAM-STYLE QUESTION

Réponds à ces questions.

Le temps et le climat
1 Dans ton pays, quel temps fait-il normalement en hiver ?
2 Quand tu pars en vacances, quel temps préfères-tu ? Pourquoi ?
3 Qu'est-ce que tu as fait la dernière fois qu'il a plu ?
4 Qu'est-ce que tu feras le weekend prochain s'il fait très mauvais ?
5 Comment est-ce que les changements climatiques affectent ton pays ?
6 Quelles seront les conséquences de ces changements si on ne fait rien pour les combattre ?

Sample answer

1 *Il pleut souvent en hiver.*

This is a satisfactory start, but the answer needs some development. You could add, for example: ... *mais il neige rarement. C'est dommage car j'adore la neige.*

2 *En général, je préfère le beau temps et la chaleur. J'aime bronzer sur la plage et on ne peut pas le faire quand il pleut.*

A good answer, which includes the *on* form of the verb for added variety.

3 *Il a plu hier, toute la journée. Normalement quand il pleut je reste à la maison et je regarde la télévision ou j'écoute de la musique.*

The first sentence is good, especially with the added detail *toute la journée*. But the student has then slipped into the present tense instead of describing what (s)he did on that day in the perfect tense. The second sentence is also quite repetitive with three successive clauses beginning with *je*.

4 *J'espère qu'il fera beau le weekend prochain. Mais s'il fait mauvais je resterai probablement à la* *maison et je jouerai sur l'ordinateur. Je pourrais aussi aller au cinéma avec des copains.*

A very good answer which includes several different grammatical structures and avoids unnecessary repetition.

5 *Dans mon pays, il fait assez chaud en été, mais quelquefois il pleut et le temps est nuageux. En hiver, il ne neige pas beaucoup, mais la plupart du temps il fait froid et il y a du vent.*

The student has used a good variety of structures and vocabulary but has not addressed the question. The response could be improved by adding *plus*, e.g. *il fait plus chaud en été*, and by using verbs such as *devenir* and *se réchauffer*.

6 *Si on ne fait rien, ce sera très dangereux pour la planète. Le niveau de la mer montera et il fera de plus en plus chaud en été, avec moins de pluie. Cela sera mauvais pour les agriculteurs et pour la population en général.*

A very good answer which includes several verbs in the future tense and an appropriate range of vocabulary.

EXAM TIP

In the general conversation, use a range of different verb tenses where appropriate.

Turn to page 113 for more practice with speaking questions.

3F Everyday life in a French-speaking country

Key vocabulary

avoir tendance à	to tend to	**occidental(e)** (*m pl* -aux)	western
bienvenu(e)	welcome	**le/la patron(ne)**	boss
le/la collègue	colleague	**le plaisir**	pleasure
consommer	to consume	**recevoir**	to receive, welcome
enchanté(e)	delighted (to meet you)	**rencontrer**	to meet
faire la connaissance de	to get to know	**le son**	sound
influencer	to influence	**souhaiter**	to wish
la langue	language	**le style**	style
le mélange	mixture	**la tradition**	tradition
le mode de vie	way of life	**utiliser**	to use

Register   Ⓖ

In French, it is important to distinguish between formal and informal styles of language or 'register'. Here are some examples of the two styles:

Formal register	**Informal register**
Bonjour, madame/monsieur	*Salut*
Enchanté(e)	*Super (de faire ta connaissance)*
Comment allez-vous ?	*Ça va ?*
S'il vous plait	*S'il te plait*
Je vous en prie	*De rien*
Au revoir, madame/monsieur	*À plus (tard)*

TEST YOURSELF QUESTION

Lis le texte. Choisis les cinq phrases qui sont vraies selon le texte.

> À Madagascar, les deux langues officielles sont le malgache et le français. Toute la population parle le malgache, qui est la langue traditionnelle du pays. Cependant, presque tous les habitants comprennent le français même s'ils ne le parlent pas. Dans l'enseignement, on a tendance à utiliser le malgache à l'école primaire et le français à l'école secondaire.
>
> Le mode de vie à Madagascar reflète le monde moderne, mais les traditions restent fortes aussi. Tous les 26 juin, on célèbre l'indépendance du pays avec des feux d'artifices et d'autres animations. Il y a un grand carnaval dans la capitale, Antananarivo, mais on fait la fête partout dans le pays.

La musique de Madagascar est très variée. Chaque région a son propre style et la musique est de plus en plus influencée par les sons européens et occidentaux. Les habitants aiment danser. Dans les boîtes de nuit, on entend un mélange de rythmes traditionnels et modernes.

Comme nourriture, on mange beaucoup de riz. En fait, le riz est l'aliment principal, accompagné de viande comme le porc et de fruits de mer. En dessert, on consomme beaucoup de fruits tropicaux – comme des bananes et des litchis – avec du sucre. Certains desserts sont servis froids, d'autres chauds.

1 À Madagascar, le français est une langue officielle.
2 Le malgache est moins parlé que le français.
3 Certains habitants ne parlent pas français.
4 À l'école primaire, on préfère le français.
5 À Madagascar, on a perdu beaucoup de traditions.
6 On célèbre l'indépendance du pays en juin.
7 Pour faire la fête, il faut aller dans la capitale, Antananarivo.
8 Dans certaines régions, la musique européenne a remplacé la musique traditionnelle.
9 Dans les boîtes de nuit, on entend différents styles de musique.
10 On mange plus de viande que de riz.
11 Certains desserts sont servis chauds.

REVISION TIP

Try using the context to work out the meaning of unfamiliar words. For example, in paragraph 3 of this text you might not know the word *mélange*, but the context *on entend un … de rythmes traditionnels et modernes* is helpful.

Key vocabulary

à l'étranger	abroad	l'expérience (*f*)	experience
l'ambiance (*f*)	atmosphere	la famille d'accueil	host family
avoir peur de	to be afraid of	s'installer	to settle
comprendre	to understand	l'invité(e)	guest
se connecter	to connect	le mal du pays	homesickness
la connexion	connection	la nourriture	food
le/la correspondant(e)	penfriend	participer à	to take part in
l'échange (*m*)	exchange	le prix	price
l'endroit (*m*)	place	le séjour	stay
enrichissant	enriching	la sortie	outing
les études (*f*)	studies	la visite culturelle	cultural visit

Possessive pronouns

These are the equivalent of *mon, ma, mes* etc. when there is no noun.

	m s	f s	m pl	f pl
mine	*le mien*	*la mienne*	*les miens*	*les miennes*
yours (familiar singular)	*le tien*	*la tienne*	*les tiens*	*les tiennes*
his/hers/its	*le sien*	*la sienne*	*les siens*	*les siennes*
ours	*le nôtre*	*la nôtre*	*les nôtres*	*les nôtres*
yours (polite or plural)	*le vôtre*	*la vôtre*	*les vôtres*	*les vôtres*
theirs	*le leur*	*la leur*	*les leurs*	*les leurs*

— *C'est ton portable ?*
— *Non, ce n'est pas **le mien**.*

*Ma ville est moins grande que **la tienne**.*

TEST YOURSELF QUESTION

Tu passes une semaine chez ta/ton correspondant(e) français(e). Tu compares ta vie avec celle de ta/ton correspondant(e). Réponds à chaque fois avec le pronom possessif approprié, par exemple *les miens, la nôtre*.

Exemple : Ma maison est assez grande.

La mienne est petite.

1 Ma ville est tranquille.
2 Mon père travaille à l'étranger.
3 Mes amis habitent à la campagne.
4 Mon école est vieille.
5 Mon passetemps préféré, c'est le ski nautique.

6 Notre famille est grande.
7 Nos professeurs sont stricts.
8 Notre premier cours commence à 8h.
9 Nos repas sont délicieux.
10 Notre connexion internet est lente.

COMMON PITFALLS

Remember that *ma, ta* and *sa* change to *mon, ton* and *son* before a feminine noun beginning with a vowel.

EXAM-STYLE QUESTION

Une visite au Québec

Édouard est allé voir sa cousine au Québec. Écoute l'interview et note les détails en français. Il n'est pas nécessaire d'écrire des phrases complètes.

Exemple : *Nom de la cousine :* ....Olivia........................

(a) *Durée du séjour au Québec :* .... (1)
(b) *Proportion des habitants qui parlent français :* .... (1)
(c) *Moyen de transport préféré d'Olivia :* .... (1)
(d) *Ce qu'Édouard a aimé dans la ville :* .... (1)
(e) *Ce qu'Édouard n'a pas aimé dans la ville :* .... (1)
(f) *Quand Édouard s'installera peut-être au Québec :* .... (1)

[Total = 6 marks]

Sample answer

(a) hier

The student has stated when Édouard returned home, not how long he stayed in Canada. The correct answer is *quinze jours*, which could also be expressed as *deux semaines*.

(b) 60 %

Correct. It is easy to get numerals wrong, so always worth checking carefully.

(c) les transports publics

Although public transport is mentioned, Édouard specifically says Olivia goes by bike whenever she can. The correct answer is *(le) vélo*.

(d) l'ambiance

Correct. A single word answer is best here. Any attempt to transcribe the next sentence *La ville est connue pour cela* is likely to lead to confusion.

(e) c'est élevé

Alhough *élevé* means 'high' when referring to prices, it is not enough here without the word *prix*.

(f) dans quelques années

Correct. Where there are two possible answers, it is fine just to give one.

EXAM TIP

Where a listening task refers to known facts, all the information required will be contained in the recording. You will not be expected to use any general knowledge.

Turn to page 114 for more practice of this style of listening question.

Key vocabulary

la nationalité	nationality	**la Côte d'Ivoire**	Ivory Coast
l'Afrique (*f*)	Africa	**l'Espagne** (*f*)	Spain
l'Afrique (*f*) **du Sud**	South Africa	**les États-Unis** (*m*)	USA
l'Algérie (*f*)	Algeria	**l'Europe** (*f*)	Europe
l'Allemagne (*f*)	Germany	**l'Inde** (*f*)	India
les Antilles (*f*)	West Indies	**l'Italie** (*f*)	Italy
l'Asie (*f*)	Asia	**le Maroc**	Morocco
la Belgique	Belgium	**le Sénégal**	Senegal
le Canada	Canada	**la Suisse**	Switzerland
		la Tunisie	Tunisia

Nationalities: nouns and adjectives

In French, you use a capital letter only for country names and for people, as in the following examples.

Country/continent	Person	Adjective
l'Afrique	l'Africain(e)	africain(e)(s)
l'Algérie	l'Algérien(ne)	algérien(ne)(s)
l'Asie	l'Asiatique	asiatique(s)
la Belgique	le/la Belge	belge(s)
le Canada	le/la Canadien(ne)	canadien(ne)(s)
la Chine	le/la Chinois(e)	chinois(e)(s)
l'Europe	l'Européen(ne)	européen(ne)(s)
l'Inde	l'Indien(ne)	indien(ne)(s)
le Maroc	le/la Marocain(e)	marocain(e)(s)
le Sénégal	le/la Sénégalais(e)	sénégalais(e)(s)
la Suisse	le/la Suisse	suisse(s)

All languages begin with a small letter, e.g. *le chinois, le japonais.*

TEST YOURSELF QUESTION

Tu es fort(e) en géographie ? Lis les phrases. Choisis le pays correct.

1 C'est un pays où on parle français et allemand. (le Canada, la Suisse, le Maroc)
2 Il y a le Parlement européen dans la capitale de ce pays. (la Belgique, la France, l'Espagne)
3 C'est un pays francophone en Afrique. (l'Afrique du Sud, la Côte d'Ivoire, le Kenya)
4 Ce pays est situé en Asie. (le Maroc, la Tunisie, l'Inde)
5 Ce pays a une frontière avec l'Allemagne, l'Italie et l'Espagne. (la France, la Belgique, la Suisse)
6 En hiver il fait très froid dans ce pays. (l'Algérie, le Canada, la Côte d'Ivoire)
7 Ici, on peut faire des achats dans les souks. (le Maroc, l'Inde, la Chine)
8 Ce pays a la plus grande population du monde. (le Canada, la Chine, le Sénégal)

REVISION TIP

Try dividing your vocabulary into different parts of speech: nouns, adjectives, verbs and so on.

Key vocabulary

l'ambiance (*f*)	atmosphere	**magnifique**	magnificent
s'amuser	to have fun	**beaucoup de monde**	crowds
assister à	to attend, be present at	**le/la musicien(ne)**	musician
avoir lieu	to take place	**participer à**	to take part in
le carnaval	carnival	**se passer**	to happen
convivial(e)	friendly (atmosphere)	**le réalisateur/la réalisatrice**	film director
le costume	costume, suit	**le spectacle**	show
étonner	to surprise	**traditionnel(le)**	traditional
le feu d'artifice	fireworks	**triste**	sad
incroyable	incredible	**la vedette**	star

Imperfect tense (1)

You form the imperfect tense of all verbs except *être* by attaching the imperfect endings to the *nous* form of the present tense with the *-ons* taken off. For example:

habiter	*choisir*	*prendre*	*être*
(nous **habit**ons)	(nous **choisiss**ons)	(nous **pren**ons)	
j'habitais	je choisissais	je prenais	j'ét**ais**
tu habitais	tu choisissais	tu prenais	tu ét**ais**
il/elle habitait	il/elle choisissait	il/elle prenait	il/elle ét**ait**
nous habitions	nous choisissions	nous prenions	nous ét**ions**
vous habitiez	vous choisissiez	vous preniez	vous ét**iez**
ils/elles habitaient	ils/elles choisissaient	ils/elles prenaient	ils/elles ét**aient**

Verbs ending in *-ger* and *-cer* have slightly different spellings in the *je*, *tu*, *il/elle* and *ils/elles* forms, e.g. *je mangeais, ils/elles mangeaient, tu commençais, il/elle commençait.*

TEST YOURSELF QUESTION

Écoute Luc parler de sa visite au festival de Cannes. Lis les phrases suivantes. Choisis les **cinq** phrases qui sont vraies.

1 Quand il était petit, Luc voulait travailler comme acteur.
2 Luc connaissait toutes les vedettes.
3 Luc aimait surtout les films d'aventures.
4 L'année dernière, c'était la première fois que Luc allait au festival de Cannes.
5 Luc est allé au festival avec sa famille.
6 Luc est arrivé au festival le 14 mai.
7 Luc a vu des films de plusieurs pays.
8 Luc s'est pris en photo avec son réalisateur préféré.
9 « Parasite », c'est le film préféré de Luc.
10 C'était une surprise quand « Parasite » a gagné la Palme d'or.
11 Il y avait une bonne ambiance au festival.
12 Luc a trouvé le dernier film un peu triste.

COMMON PITFALLS

When practising your listening skills on your own, pause the recording as often as you need to so that you don't miss anything.

EXAM-STYLE QUESTION

Les festivals

Écris entre 130 et 150 mots **en français**. Écris un article sur les festivals.
Tu **dois** mentionner les points suivants.

- Pourquoi tu aimes (ou n'aimes pas) les festivals.
- Ton festival préféré.
- Ta dernière visite à un festival.
- Un festival auquel tu voudrais aller à l'avenir.

Sample answer

> J'aime beaucoup les festivals parce que tout le monde s'amuse et qu'on peut se détendre avec ses amis. Mais pour certains festivals les billets coutent cher et je n'ai pas beaucoup d'argent.

A very good response to the first bullet point, including different verb forms and a negative expression.

> Mon festival préféré, c'est le carnaval. Dans la ville de ma correspondante française, qui est dans le sud-ouest de la France, le carnaval est en été. Il est très festif et la parade est magnifique.

This paragraph has good features, such as the different adjectives and the possessive form *de* + noun used correctly. However the verb *est* has been used four times. It would be better to use a variety of verbs such as *se passer, se trouver, avoir lieu* and *fêter*.

> Ta dernière visite à un festival, c'était l'année dernière. Je suis allé(e) au carnaval. Il faisait très beau. J'ai regardé la parade. Il y avait des danseurs et des musiciens. Les costumes étaient incroyables.

Apart from the slip in the first phrase – the first word should be *ma* – this paragraph conveys a good range of appropriate ideas. However, it would be better to link some of the short sentences together using connectives such as *mais, parce que* and *où*.

> À l'avenir, je voudrais visiter le festival de Cannes. Je veux bronzer sur la plage près de la ville et faire du shopping dans les boutiques. J'espère y aller l'année prochaine.

Linguistically this is a good paragraph, with an appropriate range of grammatical features, but the student has written mainly about things other than the Cannes festival. It would be better to explain why (s)he would like to go to the festival.

EXAM TIP

When responding to bullet points in a writing task, make sure that you change the pronouns and possessive adjectives where necessary. If the bullet point says *ta visite*, you will need to write *ma visite*.

Turn to page 114 for more practice of this style of writing question.

Key vocabulary

un aller-retour	return (ticket)	emmener	to take (a person somewhere)
l'avion (*m*)	aeroplane		
le bateau à voile	sailing boat	gratuit(e)	free of charge
la bicyclette	bicycle	la Mobylette	moped
le billet	ticket	la moto	motorcycle
le camion	lorry	mouillé(e)	wet
la camionnette	van	le moyen de transport	means of transport
le car	coach, bus	en pleine campagne	in the open countryside
la croisière	cruise	le ramassage scolaire	school transport
se déplacer	to move around	le trajet	journey
		voyager	to travel

En and *à* with modes of transport

With most modes of transport, use *en* to mean 'by':

> *en avion*
> *en bateau*
> *en bus*
> *en camionnette*
> *en métro*
> *en taxi*
> *en train*
> *en voiture*

But use *à* with two-wheeled transport and to mean 'on foot':

> *à bicyclette*
> *à Mobylette*
> *à moto*
> *à pied*
> *à vélo*

Often it is more natural to use a verb followed by the definite article:

> *Nous allons prendre le train.*
> We'll go by train.

TEST YOURSELF QUESTION

Tu planifies des trajets. Réponds aux questions suivantes en français. Tu dois choisir un moyen de transport différent pour chaque trajet. Tu peux utiliser les mots de la case.

> *Exemple* : — Comment iras-tu au cinéma ? Pourquoi ?
> — *J'irai à Mobylette parce que ce n'est pas loin.*

1 Comment iras-tu au Canada ? Pourquoi ?
2 Comment iras-tu à la plage ? Pourquoi ?
3 Comment iras-tu à Paris ? Pourquoi ?
4 Comment iras-tu à l'aéroport ? Pourquoi ?
5 Comment iras-tu en Corse ? Pourquoi ?
6 Comment iras-tu au centre commercial ? Pourquoi ?
7 Comment iras-tu chez ton voisin ? Pourquoi ?

agréable	dangereux	rapide	pas de voiture
bon pour la santé	gratuit	à côté	pas de transports en commun
cher	intéressant	pas de parking	moins ... que
confortable	pratique	pas d'arrêt d'autobus	plus ... que

Practise giving reasons for your preferences and try to make them as specific as possible. Avoid general statements such as *J'aime ça parce que c'est bien.*

Key vocabulary

abordable	affordable	**perdre**	to lose, waste (time)
s'assoir	to sit down	**la place assise**	somewhere to sit
coincé(e)	stuck, jammed	**la ponctualité**	punctuality
dépendre de	to depend on	**pratique**	practical, convenient
l'embouteillage (*m*)	traffic jam	**prêt(e)**	ready
faire le tour de	to go around	**quotidien(ne)**	daily
la foule	crowd	**en retard**	late
la fréquence	frequency	**se servir de**	to use
l'itinéraire (*m*)	route	**le tramway**	tram
manquer	to miss (e.g. bus)	**vide**	empty

Venir de + infinitive

The present tense of *venir de* means 'has/have just', for example:

> *Ils viennent d'arriver.*
> They have just arrived.

> *Qu'est-ce que tu viens de faire ?*
> What have you just done?

The imperfect tense of *venir de* means 'had just', for example:

> *Ils venaient d'arriver quand...*
> They had just arrived when...

> *Je viens d'acheter un nouveau vélo.*
> I've just bought a new bike.

TEST YOURSELF QUESTION

Réponds aux questions en français. Écris des phrases complètes et donne autant de détails que possible. Si tu veux tu peux utiliser les mots de la case.

1 Quand tu te déplaces en ville, quel est ton moyen de transport préféré ? Pourquoi ?
2 Quand tu pars en vacances, quel est ton moyen de transport préféré ? Pourquoi ?
3 Quel moyen de transport n'aimes-tu pas ? Pourquoi ?
4 Comment sont les transports en commun dans ta ville ?
5 À ton avis, quels sont les avantages des transports en commun ?
6 Quand as-tu pris le bus pour la dernière fois ? Décris le trajet.
7 Quand as-tu fait un long voyage pour la dernière fois ? Décris le voyage.
8 À l'avenir, quel moyen de transport utiliseras-tu pour aller au travail ? Pourquoi ?
9 Est-ce qu'un jour les transports en commun remplaceront les voitures ? Pourquoi (pas) ?

garder la forme	perdre du temps	partir à l'étranger
arriver en retard	faire mauvais	améliorer les transports en commun
polluer l'environnement	trouver une place assise	
économiser du temps	attendre des heures	

REVISION TIP

Practise using different words to link sentences together, such as *parce que, car, cependant, où, quand.*

COMMON PITFALLS

Remember that the tense sequences after *si* and *quand* are different. When writing about the future, use the present tense after *si* (*s'il fait beau je sortirai mon vélo*) but the future tense after *quand* (*quand il fera beau je sortirai mon vélo*).

EXAM-STYLE QUESTION

Les transports

Mets une croix ☒ dans les 8 cases appropriées. Attention ! une phrase ou une personne peuvent avoir plus d'une croix ou pas de croix du tout.

> **Maël.** Moi, je préfère aller au collège à vélo. Ça m'aide à garder la forme et c'est trop loin pour y aller à pied. Mais, quand il fait mauvais, ma mère m'emmène au collège en voiture. Le trajet peut être long à cause des embouteillages. Je suis un peu impatient.
>
> **Julia.** J'adore marcher. C'est bien parce qu'il n'y a pas de transports en commun allant au collège et que les voitures causent la pollution de l'air. Mes copines vont au collège à vélo, et moi aussi, quand il ne pleut pas.
>
> **Enzo.** Les autobus devraient circuler plus souvent, à mon avis. Je viens d'acheter une Mobylette, donc je n'ai plus besoin d'attendre une demi-heure à l'arrêt de bus. Un jour, j'aurai ma propre voiture. Je suis trop paresseux pour marcher ou prendre mon vélo.

	Maël	Julia	Enzo
Exemple : Je pense que les autobus ne sont pas assez fréquents.	☐	☐	☒
A Je suis content(e) d'aller au collège à pied.	☐	☐	☐
B Quelquefois, je vais au collège en voiture.	☐	☐	☐
C Je ne prends plus l'autobus pour aller au collège.	☐	☐	☐
D Je pense à l'environnement.	☐	☐	☐
E J'utilise mon vélo quand il fait beau.	☐	☐	☐
F Je suis d'accord, les vélos sont dangereux.	☐	☐	☐
G Je n'aime pas perdre du temps.	☐	☐	☐

[Total = 6 marks]

Sample answer

A Julia

Correct. The student has correctly linked *J'adore marcher* with *Je suis content(e) d'aller au collège à pied.*

B Julia

The correct answer is Maël. Julia doesn't say that she uses the car and only mentions the pollution that cars cause. Maël gets a lift by car when the weather is bad.

C Enzo

Correct. Enzo says that he no longer has to wait at the bus stop.

D Maël

The correct answer is Julia. She refers to the air pollution caused by cars.

E Maël

Maël is a correct answer, but the statement also applies to Julia, who says *Mes copines vont au collège à vélo, et moi aussi, quand il ne pleut pas.*

F -

Correct. None of the three people refers to safety.

G Enzo

Enzo is a correct answer, but the statement also applies to Maël, who refers to traffic jams and then says *Je suis un peu impatient.*

EXAM TIP

In matching tasks, don't rely on matching single words that occur both in the question and in the text. You will need to understand whole sentences in order to pick the correct option.

Turn to page 114 for more practice of this style of reading question.

4A Childhood

Key vocabulary

auparavant	beforehand	**faire des bêtises**	to mess around
la bande dessinée	comic strip, cartoon	**grimper**	to climb
la boue	mud	**gronder**	to tell off
bouder	to sulk	**inventer**	to invent
collectionner	to collect	**le jouet**	toy
se déguiser	to dress up	**mesquin(e)**	mean, stingy
dessiner	to draw	**s'occuper de**	to look after
détester	to hate	**partager**	to share
dormir	to sleep	**la poupée**	doll
l'enfance (*f*)	childhood	**sauter**	to jump

Imperfect tense (2)

The imperfect tense can convey the meaning 'used to' when describing situations or repeated events in the past, for example:

À cet âge elle avait peur des chiens.   At that age she used to be afraid of dogs.

Nous aimions jouer à cache-cache.   We used to enjoy playing hide and seek.

Maman me grondait de temps en temps.   Mum used to tell me off from time to time.

Quand j'étais petite il y avait beaucoup de bandes dessinées.   When I was small there used to be lots of cartoons.

TEST YOURSELF QUESTION

Pense à ta vie quand tu avais neuf ou dix ans. Écris dix phrases pour décrire ta routine quotidienne, ta vie scolaire, tes passetemps, tes émissions de télévision préférées, tes plats préférés etc.

Exemple : Quand j'avais neuf ans, j'allais à l'école à pied.

À cet âge, j'apprenais à nager.

Si tu veux, tu peux utiliser les idées suivantes :

se lever tôt/tard	courir	sauter	manger
aller au lit	passer son temps libre à	faire des bêtises	méchant(e)/gentil(le)
aller à l'école	regarder	gronder	calme/bruyant(e)
apprendre	lire des histoires	partager ses affaires	
jouer dehors	grimper aux arbres		

REVISION TIP

Practise building sentences by using a small number of key words or phrases as a starting point and joining them together in a meaningful way. For example, on the childhood topic, you might start with the words and phrases *petit(e)*, *passer les grandes vacances*, *les grands-parents*, *jouer*, *jardin*, and then form a sentence such as *Quand j'étais petit(e), je passais les grandes vacances chez mes grands-parents et nous jouions au ballon dans le jardin.*

Remember to use the imperfect tense only to describe things that used to happen, not to describe one-off events which require the perfect tense.

Key vocabulary

l'album (*m*) de photos	photo album	**se rappeler**	to recall
autrefois	in the old days	**recevoir**	to receive
avoir l'habitude de	to be in the habit of	**ressembler à**	to look like
découvrir	to discover	**le siècle**	century
emprunter	to borrow	**souhaiter**	to wish
l'époque (*f*)	time, era	**le souvenir**	memory
les informations (*f pl*)	information	**se souvenir de**	to remember
obtenir	to obtain	**vieillir**	to age
offrir	to give (a present)	**vieux/vieil/vieille**	old
la personne âgée	elderly person	**le/la voisin(e)**	neighbour

Pluperfect tense

The pluperfect tense describes what had happened before something else happened in the past, for example 'By that time they had already left'.

The pluperfect tense is formed in the same way as the perfect tense, but with the auxiliary verb *avoir* or *être* changed from the present to the imperfect tense. For example:

Perfect tense	Pluperfect tense
j'ai fini	*j'avais fini*
tu as regardé	*tu avais regardé*
elle a vendu	*elle avait vendu*
nous sommes partis	*nous étions partis*
vous êtes entrées	*vous étiez entrées*
ils se sont assis	*ils s'étaient assis*

TEST YOURSELF QUESTION

Écoute Jeanne parler de son enfance. Réponds aux questions en français. Il n'est pas toujours nécessaire d'écrire des phrases complètes.

1 Où habitait Jeanne quand elle était petite ? (2 points)
2 Où travaillaient les parents de Jeanne ?
3 Qui s'occupait de Jeanne pendant les vacances ?
4 Pourquoi est-ce que Jeanne aimait cela ? (2 points)
5 À qui est-ce que le père de Jeanne avait acheté sa première voiture ?
6 Quels exemples de cadeaux sont mentionnés ? (2 points)
7 Qu'est-ce que Jeanne devait faire pour obtenir des informations ? (2 points)
8 Qu'est-ce que Jeanne devait faire quand elle allait retrouver quelqu'un ?

REVISION TIP

Train yourself to identify verb tenses when listening to recorded French. Be aware that the imperfect endings *-ais/-ait/-aient* sound similar to the past participle ending *-é* and the *vous*-form present tense ending *-ez*.

EXAM-STYLE QUESTION

Réponds à ces questions.

Mon enfance
1 Que faisais-tu pour t'amuser quand tu étais petit(e) ?
2 Quelles activités n'aimais-tu pas ?
3 Qu'est-ce que tu aimais manger et boire ?
4 Comment était ton école primaire ?
5 À ton avis, est-il important de garder des photos comme souvenirs d'enfance ?

Sample answer

1 *Quand j'avais huit ans, j'aimais jouer au ballon et grimper aux arbres dans le jardin. Je passais beaucoup de temps dehors.*

This is a good answer with suitable variety of structures and vocabulary.

2 *Je n'aimais pas danser.*

This is a relevant answer to the question, with one added detail, but it is too brief. It would be good to mention, for example, when and where you had to dance.

3 *J'aime les fruits et les légumes. C'est bon pour la santé. Ma boisson préférée, c'est l'eau gazeuse.*

The French is good and the student has avoided repeating *J'aime* by using a different construction in the third sentence. However, the whole answer should be in the imperfect tense.

4 *Mon école primaire était petite. Le bâtiment était vieux. Les institutrices étaient gentilles.*

This answer includes a suitable range of information, but the verb *être* has been used three times. It would be better to use different verbs, for example: *Nous avions un vieux bâtiment. Je m'entendais bien avec les institutrices.*

5 *Oui, c'est intéressant de regarder des vieilles photos. Ma mère a gardé beaucoup de photos de son enfance et la vie était très différente.*

This is a very good answer which includes three different verb tenses and a suitable range of information.]

EXAM TIP

In each of the two topic conversations, try to give sufficiently detailed answers so that the conversation lasts four minutes. If necessary, your teacher will ask you extra questions to make up the time.

Turn to page 115 for more practice with speaking questions.

Key vocabulary

améliorer	to improve	**permettre**	to allow
apporter	to bring	**la règle**	rule
avoir le droit de	to be allowed to	**le règlement**	rules
se concentrer	to concentrate	**respecter**	to respect, observe (rules)
embêtant(e)	annoying	**la retenue**	detention
fonctionner	to function, work	**la réussite**	success
injuste	unfair	**sévère**	strict
interdit(e)	forbidden	**supprimer**	to get rid of
obligatoire	compulsory	**l'uniforme** (*m*)	uniform

Indefinite adjectives

Indefinite adjectives behave like other adjectives but do not describe what a noun is like. Common examples are:

Chaque matin, le professeur inspecte notre uniforme.

Every morning the teacher inspects our uniform.

Certaines règles sont nécessaires, mais il y a d'autres règles que je n'aime pas.

Some rules are necessary, but there are other rules that I don't like.

Quelques élèves ne respectent jamais le règlement.

A few students never obey the school rules.

Tous les élèves ont les mêmes chances de réussite scolaire.

All students have the same opportunities to succeed at school.

TEST YOURSELF QUESTION

Lis le texte, puis relie les débuts et les fins de phrase. Attention ! il y a trois fins de phrase de trop.

Que penses-tu du règlement scolaire ?

Delphine. Il faut respecter toutes les règles au collège, même si certaines sont embêtantes. Tout le monde voudrait utiliser son portable en classe, mais c'est interdit pour une bonne raison – il faut que les élèves se concentrent sur leurs études. Je pense que l'uniforme scolaire est utile car de cette façon on ne voit pas les différences entre les élèves. Dans mon collège, on va supprimer l'uniforme et je pense que c'est dommage.

Jade. Je comprends que certaines règles soient nécessaires. Par exemple, personne n'a le droit de fumer au collège et je suis d'accord avec cela. Mais dans mon collège je trouve que le règlement est trop sévère. Pourquoi n'avons-nous pas le droit d'apporter nos gadgets électroniques ? Les profs disent que les portables sont une distraction, mais je pense qu'on doit pouvoir les utiliser dans la cour. Heureusement que mon collège vient de supprimer l'uniforme.

REVISION TIP

When the reading text consists of two (or more) sets of opinions, focus on the differences between those opinions.

1 Delphine accepte que…
2 Au collège de Delphine, les portables…
3 Delphine pense qu'il est important…
4 Delphine est pour…

5 Jade est pour…
6 Jade pense que le règlement de son collège…
7 Jade voudrait utiliser…
8 Au collège de Jade, l'uniforme…

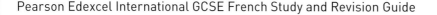

a	son portable.	g	sont interdits.
b	de supprimer l'uniforme.	h	est trop strict.
c	certaines règles soient embêtantes.	i	le droit de fumer.
d	l'interdiction de fumer.	j	n'est plus obligatoire.
e	de se concentrer sur ses études.	k	l'uniforme scolaire.
f	personne ne respecte les règles.		

Key vocabulary

angoissé(e)	anxious	**la menace**	threat
augmenter	to increase	**la pression**	pressure
le bulletin scolaire	school report	**provoquer**	to cause
combattre	to fight (against)	**se sentir**	to feel
la cyberintimidation	cyber-bullying	**souffrir**	to suffer
diminuer	to reduce	**le stress**	stress
éviter	to avoid	**stressé(e)**	stressed
le harcèlement	bullying	**se stresser**	to get stressed
l'insomnie (*f*)	insomnia	**le symptôme**	symptom

Relative pronouns (2)

Apart from *qui* and *que*, various other words are used as relative pronouns.

Lequel/laquelle/lesquels/lesquelles are used after prepositions, when referring to things:

*la raison **pour laquelle** ils stressent*   the reason for which they get stressed

Qui is used after prepositions, when referring to people:

*les parents **avec qui** elle parle*   the parents who she is talking with

Dont is used in place of *duquel, de laquelle* etc. and means 'of which', 'about which' etc:

*un problème **dont** nous parlons souvent*   a problem that we often talk about

Dont can also mean 'whose':

*le prof **dont** j'ai oublié le nom*   the teacher whose name I have forgotten

Ce qui and *ce que* mean 'what' when it is not a question word:

*ils savent **ce qu'**ils font*   they know what they are doing

TEST YOURSELF QUESTION

1 Relie chaque réponse à la question qui convient le mieux.
2 Invente une réponse différente à chaque question.

Questions
1 Qu'est-ce qui te stresse au collège ?
2 Quels sont les symptômes du stress ?
3 Qu'est-ce qu'il faut faire quand on est stressé ?
4 Qu'est-ce que les collèges peuvent faire pour réduire la cyberintimidation ?
5 Que fais-tu si un(e) ami(e) souffre de harcèlement ?
6 Comment peut-on éviter le stress pendant la période des examens ?

Réponses
a Il faut parler à quelqu'un qui va t'écouter.
b Il faut travailler dur pendant l'année.
c Ce sont les devoirs qui me stressent. On me donne trop de devoirs.
d Les directeurs peuvent expliquer les dangers à tous les élèves.
e On a souvent mal au ventre.
f Je l'écoute et je le/la rassure.

REVISION TIP

With open-ended questions on less familiar topics, use the French that you have learnt and avoid trying to say things that you don't know how to say.

EXAM-STYLE QUESTION

Écoute ces jeunes qui parlent de leur vie au collège. Est-ce que chaque personne parle du passé, du présent ou du futur ?

	Passé	Présent	Futur
Exemple : Quentin	☒	☐	☐
(a) Julie	☐	☐	☐
(b) Paul	☐	☐	☐
(c) Éva	☐	☐	☐
(d) Yanis	☐	☐	☐
(e) Romane	☐	☐	☐
(f) Valentin	☐	☐	☐

[Total = 6 marks]

Sample answer

(a) présent

Correct. The verbs *cause* and *est* are in the present tense.

(b) présent

The correct answer is *passé*. The verbs *ai été, ai parlé* and *a ...aidé* are in the perfect tense.

(c) passé

The correct answer is *futur*. The verbs *irai* and *sera* are in the future tense.

(d) passé

Correct. The verbs *ai oublié, ai été* and *a été* are in the perfect tense.

(e) futur

The correct answer is *présent*. The verbs *peut* and *faut* are in the present tense.

(f) futur

Correct. The verbs *serai* and *pourrai* are in the future tense.

EXAM TIP

In non-verbal tasks where there are only two or three options, don't look for patterns in the sequence of answers. Just concentrate on understanding the French.

Turn to page 115 for more practice of this style of listening question.

Key vocabulary

annuler	to cancel	**la famille d'accueil**	host family
le bienfait	benefit	**hospitalier (-ère)**	hospitable
chanter	to sing	**inoubliable**	unforgettable
la chorale	choir	**impressionnant(e)**	impressive
se débrouiller	to manage, get by	**pittoresque**	picturesque
décevant(e)	disappointing	**prévu(e)**	intended, foreseen
déçu(e)	disappointed	**la réunion sportive**	sports event
le désastre	disaster	**la sortie**	outing
enrichissant(e)	enriching	**la visite culturelle**	cultural visit
l'évènement (m)	event	**voyager**	to travel

G

Imperfect and perfect tenses combined

You can use the imperfect and perfect tenses in the same sentence when describing what was in the process of happening (imperfect) when something else happened (perfect), for example:

Pendant que j'attendais le car, il a commencé à pleuvoir.
While I was waiting for the bus, it began to rain.

Nous travaillions tranquillement quand le prof a quitté la salle de classe.
We were working quietly when the teacher left the classroom.

Maman me grondait de temps en temps.
Mum used to tell me off from time to time.

Il essayait de faire du ski quand il est tombé.
He was trying to ski when he fell.

TEST YOURSELF QUESTION

Imagine que tu as participé à un voyage scolaire. On te pose des questions sur le voyage. Réponds à chaque question en utilisant un verbe au passé composé.

1 Qu'est-ce que tu as fait pendant que la classe attendait le car ? *(Pendant que nous attendions le car...)*
2 Tes amis et toi, qu'est-ce que vous avez fait quand vous étiez sur l'autoroute ?
3 Qu'est-ce que tu as fait quand tu avais faim ?
4 Qu'est-ce que tu as fait pendant que le guide donnait des explications ?
5 Et le professeur, qu'est-ce qu'il a fait pendant que le guide donnait des explications ?
6 Tes amis et toi, qu'est-ce que vous avez fait quand vous aviez une heure de libre ?
7 Qu'est-ce qui s'est passé quand c'était l'heure de rentrer ?
8 Qu'est-ce que tout le monde a fait pendant que le car était coincé dans un embouteillage ?

Si tu veux, tu peux utiliser les idées suivantes :

aider le guide	écouter le guide	lire un livre	payer la visite
chanter	envoyer des textos	manger ses sandwichs	retourner au parking
dormir	faire du shopping	monter dans le car	surfer sur Internet
écouter de la musique	jouer au foot	parler avec mes amis	

REVISION TIP

Extend your sentences by using connectives such as *quand*, *pendant que* and *mais*.

Key vocabulary

avoir de la chance	to be fortunate	marchander	to haggle
la communauté	community	nourrir	to feed
la coutume	custom	pareil(le)	similar
la différence	difference	partager	to share
l'échange (*m*) scolaire	school exchange	particulier (-ère)	particular, strange
faire attention à	to pay attention to	se rendre compte de	to realise
faire la connaissance de	to get to know	se souvenir de	to remember
habituellement	usually	supporter	to stand, put up with
s'habituer à	to get used to	vivre	to live
héberger	to put up, accommodate	le voyageur/la voyageuse	traveller

Indefinite pronouns

Indefinite pronouns take the place of a noun but do not refer to a specific person or thing. They can be used as the subject or object of a verb. Common examples are:

N'importe qui peut le faire.
Anyone can do it.

C'est à chacun de décider.
It's for each person to decide.

On peut tout manger.
You can eat everything.

Certains étaient accueillants.
Some people were welcoming.

Personne n'aime ça.
No one likes that.

Tu as oublié quelque chose ?
Have you forgotten something?

Quelqu'un m'a aidé.
Someone helped me.

TEST YOURSELF QUESTION

Écoute Lucie parler d'un séjour dans une famille en France. Complète les phrases avec un mot de la liste.

1 Le père d'Anisha est .... en France.
2 Anisha a .... quinze jours chez sa tante.
3 Il faisait froid quand Anisha est .... à l'aéroport.
4 Anisha s'est bien .... avec la famille de sa tante.
5 Anisha a .... les monuments impressionnants.
6 Anisha a .... à des questions sur sa vie à l'île Maurice.
7 Pendant son séjour, Anisha s'est .... plus tard que d'habitude.
8 Anisha a .... que les Français ne marchandent pas au marché.
9 Anisha n'a pas encore .... si elle veut habiter en France à l'avenir.

appris	entendue	passé
arrivée	levée	répondu
décidé	né	trouvé

REVISION TIP

After completing a listening exercise, take a look at the transcript and make a note of the words that you found difficult. Are there any patterns?

EXAM-STYLE QUESTION

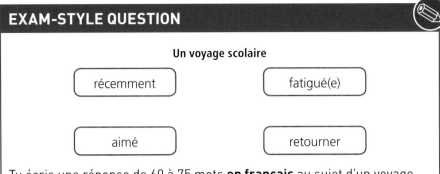

Un voyage scolaire

| récemment | fatigué(e) |
| aimé | retourner |

Tu écris une réponse de 60 à 75 mots **en français** au sujet d'un voyage scolaire. **Tu dois** employer tous les mots ci-dessus.

Sample answer

> Récemment, j'ai participé à un voyage scolaire. Nous avons regardé un tournoi de tennis. Le sport, c'est ma passion.

A good opening paragraph, with two verbs in the perfect tense. The personal opinion is a useful addition.

> J'ai aimé le match de tennis et j'ai aimé l'ambiance du stade. J'ai aimé mon piquenique aussi.

There is no need to repeat *j'ai aimé* in this way. It would be better to use a variety of expressions such as *passionnant, inoubliable, je me suis bien amusé(e)/nous nous sommes bien amusé(e)s.*

> À la fin de la journée j'étais fatigué(e) et j'avais faim aussi. Mes amis et moi nous avons pris des photos.

This paragraph does not hang together. It would be better to comment on being tired, perhaps by saying why you were tired or what you did as a result e.g. *je me suis reposé(e), j'ai dormi.*

> J'espère retourner au stade. Je vais peut-être y aller avec ma famille parce que nous aimons tous le tennis.

A good paragraph with a variety of verb constructions, not all of which are in the *je*-form.

EXAM TIP

In the 60–75 word writing task, keep to the word count, even though it may seem short.

Turn to page 115 for more practice of this style of writing question.

Key vocabulary

l'athlétisme (*m*)	athletics	**faire partie de**	to belong to
le championnat	championship	**s'inscrire à**	to join
courir	to run	**le/la membre**	member
la danse	dancing	**la musculation**	bodybuilding, workout
devenir	to become	**obtenir**	to obtain, acquire
s'entrainer	to train	**la planche à voile**	windsurfing
l'entraineur (*m*)	trainer	**pratiquer**	to do (sport)
l'équipe (*f*)	team	**le projet**	plan
l'esprit (*m*)	spirit	**le rêve**	dream
faire de son mieux	to do one's best	**le trophée**	trophy

Modal verbs in different tenses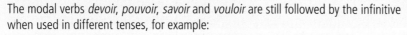

The modal verbs *devoir, pouvoir, savoir* and *vouloir* are still followed by the infinitive when used in different tenses, for example:

J'ai dû arrêter de jouer.
I had to stop playing.

Nous pourrons participer au championnat.
We will be able to take part in the championship.

Il savait déjà nager à l'âge de cinq ans.
He already knew how to swim at the age of five.

Elle avait voulu regarder le match.
She had wanted to watch the match.

TEST YOURSELF QUESTION

Écoute Adèle parler de sport. Note les détails en français.

1 Sport préféré
2 Jour d'entrainement
3 Heure du début des matchs
4 Raison pour laquelle Adèle n'a pas joué
5 Projet pour l'année prochaine
6 Avantage de la natation
7 Problème avec l'équitation
8 Sport qu'Adèle n'aime pas
9 Sport qu'Adèle voudrait essayer

REVISION TIP

Practise taking notes during a listening task, using suitable abbreviations for long and common words.

It is illegal to photocopy this page

Key vocabulary

adorer	to love	**la médaille d'or**	gold medal
cesser de	to stop (doing something)	**permettre**	to allow
le contrat	contract	**la personnalité sportive**	sports personality
encourager	to encourage	**prendre sa retraite**	to retire
la finale	final	**professionnel(le)**	professional
grâce à	thanks to	**réussir à**	to succeed in
l'idole (*f*)	idol	**rêver de**	to dream of
les Jeux (*m*) **olympiques**	Olympic Games	**sélectionner**	to select
la médaille d'argent	silver medal	**le talent**	talent
la médaille de bronze	bronze medal	**transférer**	to transfer

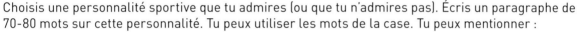

Infinitive constructions with a preposition

Many verbs can be linked to an infinitive by either *à* or *de*, as in the following examples.

*Il faut **continuer à** participer.*

*Nous **commençons à** faire des progrès.*

*Cela nous **aide à** gagner des points.*

*Ils nous **encouragent à** jouer régulièrement.*

*On vous **recommande de** vous inscrire.*

*Elle **a promis de** m'aider.*

*J'ai **arrêté de** m'entrainer.*

*Il **a réussi à** être champion.*

TEST YOURSELF QUESTION

Choisis une personnalité sportive que tu admires (ou que tu n'admires pas). Écris un paragraphe de 70–80 mots sur cette personnalité. Tu peux utiliser les mots de la case. Tu peux mentionner :

- son pays d'origine
- sa date de naissance/son âge
- son sport
- le début de sa carrière
- le développement de sa carrière
- ses réussites
- sa vie personnelle
- ses projets

vient de	a continué
est né(e)	a participé
a … ans	est devenu(e)
joue au/à la/aux	a gagné
pratique le/la/les	a réussi
a commencé	espère
a appris	a l'intention de

REVISION TIP

Remember that *son*, *sa* and *ses* can all mean 'his' or 'her', depending on the gender of the following noun.

EXAM-STYLE QUESTION

Les sports

Coche la bonne case.

> Je suis passionné de natation. J'ai commencé à nager à l'âge de six ans. Comme il n'y avait pas de piscine dans mon village, je prenais des leçons dans la ville la plus proche. Ma mère m'y emmenait. Nous y allions trois fois par semaine, sauf pendant les vacances.
>
> Aujourd'hui, je fais partie d'un club de natation. Notre entraineur nous encourage à faire de notre mieux. Et ça marche. Nous participons souvent à des compétitions et récemment nous avons gagné quelques médailles. On va bientôt ouvrir une nouvelle piscine dans mon collège et je suis impatient d'y nager.
>
> Antoine

Exemple : Antoine aime …
- [ ] **A** l'équitation.
- [ ] **B** le footing.
- [x] **C** la natation.
- [ ] **D** la danse.

(a) Antoine …
- [ ] **A** nage tous les six ans.
- [ ] **B** nage depuis l'âge de six ans.
- [ ] **C** a commencé à nager il y a six ans.
- [ ] **D** a nagé six fois quand il était petit.

(b) Pour prendre des leçons, Antoine …
- [ ] **A** restait chez lui.
- [ ] **B** allait au village.
- [ ] **C** restait à l'école.
- [ ] **D** allait en ville.

(c) Antoine prenait des leçons …
- [ ] **A** plusieurs fois par semaine.
- [ ] **B** toute l'année.
- [ ] **C** pendant les vacances.
- [ ] **D** tous les jours.

(d) Antoine …
- [ ] **A** va s'inscrire à un club de natation.
- [ ] **B** est membre d'un club de natation.
- [ ] **C** cherche un club de natation.
- [ ] **D** organise un club de natation.

(e) Grâce à son entraineur, Antoine …
- [ ] **A** aime nager.
- [ ] **B** nage régulièrement.
- [ ] **C** va continuer à nager.
- [ ] **D** nage bien.

(f) Au collège d'Antoine, …
- [ ] **A** il y aura une nouvelle piscine
- [ ] **B** les nageurs sont toujours impatients.
- [ ] **C** on a ouvert une piscine.
- [ ] **D** on participe souvent à des compétitions.

Sample answer

(a) *C*

The correct answer is B. Antoine says he started swimming at the age of six, not that he started six years ago.

(b) *D*

Correct. Antoine had to be taken to town because there was no pool in his village.

(c) *C*

The correct answer is A. The word *sauf* means 'except', so the holidays are excluded.

(d) *B*

Correct. The expressions *faire partie de* and *être membre de* have a similar meaning.

(e) A

The correct answer is D. We can infer from the two sentences *Notre entraineur nous encourage à faire de notre mieux. Et ça marche* that Antoine swims well thanks to his trainer.

(f) A

Correct. The text refers to a pool being opened soon.

EXAM TIP

Just as in the listening test, the questions in a reading comprehension exercise are normally in the same order as the text. You can also expect them to be fairly evenly spaced through the text.

Turn to page 116 for more practice of this style of reading question.

Key vocabulary

se blesser	to injure oneself	le genou	knee
la blessure	injury	la grippe	flu
le bras	arm	la jambe	leg
la cheville	ankle	le médicament	medicine
le comprimé	tablet, pill	l'ordonnance (f)	prescription
le corps	body	l'oreille (f)	ear
le cou	neck	le pansement	dressing (for wound)
le coup de pied	kick	la piqure	injection
le dos	back	le rendez-vous	appointment
être enrhumé(e)(s)	to have a cold	tousser	to cough

G

Avoir mal

You can say that a part of the body is hurting by using the construction *avoir mal à*:

J'ai mal à la tête.	I have a headache.
Tu as mal au bras ?	Is your arm hurting?
Elle a mal aux dents.	She has a toothache.

Venir de in the imperfect tense

This means 'had just', for example:

Nous venions d'arriver quand…	We had just arrived when…
L'accident venait de se passer.	The accident had just happened.

TEST YOURSELF QUESTION

Imagine que tu t'es blessé(e) en faisant du sport. Tu es chez le médecin. Réponds à ses questions. Si tu veux, tu peux utiliser les mots de la case.

- Quand l'accident s'est-il passé ?
- Quel sport faisiez-vous ?
- Comment l'accident est-il arrivé ?
- Où vous êtes-vous blessé(e) ?
- Est-ce que ça fait très mal ?

il y a …	s'entrainer
hier	bras / main / jambe / pied / genou
aujourd'hui	je ne peux pas …
faire / jouer	ça fait mal quand je …

REVISION TIP

To improve your vocabulary and fluency, practise drill-type exercises with a particular verb construction, for example: *Je me suis blessé(e) à la cheville / au genou / au pied…* . How many different parts of the body can you remember in French?

Key vocabulary

avoir envie de	to have a desire to	**le handisport**	sport for disabled people
avoir l'intention de	to intend to	**le/la kiné**	physiotherapist
les béquilles (*f*)	crutches	**le patinage**	skating
conduire	to drive	**la patinoire**	skating rink
espérer	to hope	**le permis**	permit, licence
l'espoir (*m*)	hope	**plonger**	to dive
être capable de	to be able to	**la rééducation**	rehabilitation
le fauteuil roulant	wheelchair	**remporter**	to win
le handicap	disability	**se servir de**	to use
handicapé(e)	disabled	**valide**	able-bodied

Quand with the future tense
G

When referring to the future, *quand* is followed by the future tense:

> *Quand je serai plus âgé(e), j'apprendrai à conduire.*
> When I'm older I will learn to drive.

> *Que feras-tu quand tu quitteras l'école ?*
> What will you do when you leave school?

> *Ils viendront quand ils seront prêts.*
> They will come when they are ready.

TEST YOURSELF QUESTION

Lis le texte sur le nageur français David Smétanine et complète-le en choisissant les bons mots dans la liste.

> David Smétanine est .... le 21 octobre 1974 à Grenoble. Malheureusement, il a .... victime d'un grave accident en 1995. Il a subi de nombreuses fractures de la colonne vertébrale et il est .... longtemps à l'hôpital, les jambes paralysées. Après plusieurs mois difficiles, sa rééducation a .... Il était passionné de natation et il a .... de s'entrainer pour retrouver une identité sportive. Comme il ne pouvait pas se servir de ses jambes il a appris à nager avec plus de force dans les bras. David a .... à plusieurs compétitions et sa performance s'est .... En 2004, il a gagné une médaille de bronze aux Jeux paralympiques d'Athènes et quatre ans plus tard il a .... la première médaille d'or française aux Jeux paralympiques de Pékin. Depuis, David a eu beaucoup de succès. En plus, il est .... ambassadeur du sport dans la région de Grenoble.

améliorée	né
commencé	participé
décidé	remporté
devenu	resté
été	

Know your grammar — especially verbs. Even when practising your reading skills, you will be using your grammatical knowledge in order to make sense of complex sentences.

EXAM-STYLE QUESTION

Une blessure

Camille parle d'une blessure. Note les détails en français ou en chiffres.

Exemple : Heure de la blessure : ....9h...........................

(a) Sport : .... (1)

(b) Parties du corps blessées : .... et

.... (2)

(c) Heure du rendez-vous chez le médecin : .... (1)

(d) Conseils du médecin : .... et .... (2)

Sample answer

(a) centre multisports

Although Camille mentions the *centre multisports*, that is the place rather than the sport. The answer should be *(la) gymnastique*.

(b) cheville

This is one of the two required answers, but Camille also mentions hurting her hand so you need to write *main* in the second gap.

(c) 11h

Care is needed with clock times as it is easy to miss any words after *heure*. Here, the answer is *onze heures et quart*, which can be written as 11h15.

(d) me reposer ; ne pas faire de gym

Both answers are correct. Strictly speaking the first answer should be *se reposer*, but we are not testing grammar so *me* is acceptable.

Turn to page 116 for more practice of this style of listening question.

EXAM TIP

In this type of listening task, you can normally transcribe words and short phrases from the recording. It is not necessary to use your own words.

Key vocabulary

le boulot	job (informal register)	**le/la commerçant(e)**	shopkeeper
l'emploi (*m*)	job	**l'entraineur (-euse)**	trainer
intéresser	to interest	**l'ingénieur(e)**	engineer
le métier	profession, job	**le moniteur/ la monitrice de ski**	ski instructor
le salaire	salary		
l'analyste-programmeur/ l'analyste-programmeuse	program analyst	**le musicien/la musicienne**	musician
		le/la peintre	painter
l'animateur/l'animatrice	activity leader	**le pharmacien/ la pharmacienne**	chemist
le chercheur/la chercheuse	researcher	**le/la photographe**	photographer
le chirurgien/ la chirurgienne	surgeon	**le traducteur/la traductrice**	translator
		le/la vétérinaire	vet
le coiffeur/la coiffeuse	hairdresser		

Nouns denoting jobs

After the verbs *être* and *devenir*, there is usually no article in front of nouns denoting jobs:

> *Elle est vétérinaire.*

> *Il deviendra musicien.*

However, this does not apply when there is an adjective before the noun:

> *Le docteur Laval était un bon chirurgien.*

The feminine forms of job titles have similar endings to those of adjectives. But note the three ways of changing nouns ending in *-eur* into the feminine form:

> *un animateur   une animatrice*

> *un coiffeur   une coiffeuse*

> *un professeur   une professeure*

TEST YOURSELF QUESTION

Pour chaque métier ci-dessous :

- Dis si le métier t'intéresse.
- Donne une raison différente pour chaque métier.

Si tu veux, tu peux utiliser les idées de la case.

> *Exemple :* 1 Je voudrais devenir analyste-programmeuse parce que je m'intéresse aux ordinateurs.
>
> *ou*
>
> Le métier d'analyste-programmeuse ne m'intéresse pas parce que le travail n'est pas assez varié.

1 analyste-programmeur/ analyste-programmeuse
2 commerçant(e)
3 chercheur/chercheuse
4 professeur(e)

5 ingénieur(e)
6 moniteur/monitrice de ski
7 photographe
8 vétérinaire

beaucoup de patience	de longues études
bien payé	stable
les enfants	stressant
en plein air	utile
à l'étranger	varié

REVISION TIP

Practise giving a different reason each time you express a preference.

Key vocabulary

l'acteur/l'actrice	actor	le/la journaliste	journalist
l'avocat(e)	lawyer	mauvais(e)	bad, wrong
avoir peur de	to be afraid of	motiver	to motivate
célèbre	famous	le patron/la patronne	boss
le/la comptable	accountant	le/la pilote	pilot
le conseil	piece of advice	prendre des risques	to take risks
conseiller	to advise	le/la salarié(e)	employee
le conseiller/ la conseillère d'orientation	careers adviser	la stabilité	stability
		travailleur (-euse)	hardworking
curieux (-euse)	curious	la vie privée	private life
exigeant(e)	demanding		

Negatives

The most commonly used negatives are:

ne … pas	not	ne … personne	no one
ne … plus	no more, no longer	ne … que	only
ne … jamais	never	ne … ni … ni	neither … nor
ne … rien	nothing	ne … nulle part	nowhere

If the verb is a single word, the two parts of the negative normally go around it:

Je n'étudierai plus la géographie.

Pronouns go after the *ne*:

Nous n'y allons jamais.

In the perfect and pluperfect tenses, the second part of the negative goes between the two parts of the verb:

Tu n'as rien appris ?

If the negative is the subject of the sentence, the *ne* comes second:

Personne ne veut quitter ce collège.

TEST YOURSELF QUESTION

Lis ce forum de discussion sur les métiers, puis réponds aux questions en français.

Clémence. Quand j'étais plus jeune je voulais être vétérinaire car j'adorais les animaux. Maintenant, ce n'est plus le cas car ma mère m'a conseillé de devenir médecin et je suis d'accord avec elle. En tout cas ces deux métiers sont bien payés. C'est bien de choisir un métier qu'on aime, mais pas si on ne peut pas se permettre de partir en vacances ou de conduire une voiture confortable.

Jules. Mes grands-parents me disent toujours qu'il faut avoir de grandes ambitions. Eux, ils avaient des métiers plutôt ordinaires et ils imaginent que je deviendrai musicien professionnel parce qu'ils m'ont entendu jouer dans un concert et que cela les a impressionnés. Mon père pense que je devrais d'abord faire des études supérieures et puis devenir prof de musique.

Louna. Ma conseillère d'orientation m'a conseillé de faire des études scientifiques, mais je ne ferai jamais cela ! Quand je serai plus âgée, j'espère trouver un emploi comme journaliste à l'étranger pour pouvoir rencontrer des personnes intéressantes et découvrir des cultures différentes. Mon père a peur que ce soit dangereux de voyager dans certains pays, mais ma mère comprend que je ne serai jamais heureuse si je passe toute ma vie ici, en France.

1 Aujourd'hui, quel métier intéresse le plus Clémence ?   [1]
2 Qui a influencé Clémence ?   [1]
3 Selon Clémence, quel aspect d'un métier est le plus important ?   [1]
4 Quel genre de travail les grands-parents de Jules faisaient-ils ?   [1]
5 Qu'est-ce que Jules a fait pour impressionner ses grands-parents ?   [1]
6 Selon son père, qu'est-ce que Jules devrait faire avant de travailler comme professeur ? [1]
7 Quel conseil Louna n'a-t-elle pas suivi ?   [1]
8 Où Louna voudrait-elle travailler ?
9 Qui encourage Louna à réaliser son ambition ?   [1]

COMMON PITFALLS

Look carefully at verb tenses in comprehension tasks. There is a big difference between *je voulais être vétérinaire* and *je veux être vétérinaire*.

EXAM-STYLE QUESTION

Les métiers

Écris entre 130 et 150 mots **en français**. Écris un article sur les métiers.
Tu **dois** mentionner les points suivants.

- Un métier qui t'intéresse, et pourquoi.
- Les qualités personnelles nécessaires pour ce métier.
- Le travail que tu espères faire dans vingt ans.
- Les conseils que d'autres gens (parents ? amis ? profs ?) t'ont donnés.

Sample answer

> Je voudrais devenir acteur car j'aime le théâtre. Le métier de journaliste m'intéresse aussi parce que j'aime écrire et que j'aime parler avec des personnes intéressantes. Je ne connais pas d'acteurs mais j'ai un cousin qui est journaliste.

There is some good language here, but it would be better to stick to one career not two. It would also be better to avoid repeating *j'aime*, perhaps by using verbs such as *passionner* and *adorer*.

> Pour être un bon journaliste, il faut s'intéresser à beaucoup de choses et il faut savoir écouter. C'est bien si on aime voyager et si on n'a pas peur des situations dangereuses.

A good paragraph, with two *si*-clauses adding variety. One of the *il faut* could be replaced by *on doit*.

> Dans vingt ans, j'espère travailler à l'étranger, peut-être au Canada. Je voudrais acheter un appartement au centre-ville et je vais peut-être avoir deux ou trois enfants.

The range of grammatical structures is good, with three different ways of referring to the future. But the second sentence is not related to work. It would be better to comment on the type of work and what its advantages would be.

> La conseillère d'orientation de mon collège m'a dit que je pourrais devenir prof car j'ai beaucoup de patience et j'aime expliquer les choses. Ma mère m'a conseillé d'attendre et de choisir un métier plus tard.

A very good paragraph, with a wide range of vocabulary and grammatical constructions.

EXAM TIP

In the 130–150 word writing task, go out of your way to use a variety of different verb tenses and verb constructions.

Turn to page 117 for more practice of this style of writing question.

4G Future plans

Key vocabulary

l'avenir (*m*)	future	l'instituteur/l'institutrice	teacher (primary school)
le brevet d'études professionnelles (BEP)	technical school certificate	les langues vivantes	modern languages
le certificat d'aptitude professionnelle (CAP)	vocational training certificate	le maçon	builder
		l'occasion (*f*)	opportunity
conseiller	to advise	passer	to take (exam)
le cuisinier	cook	pratique	practical
doué(e)	gifted, talented	le/la proviseur(e)	headteacher
les études (*f*)	studies	réussir	to pass (exam)
la fac(ulté)	university	le/la scientifique	scientist
la grande école	prestigious higher education establishment	le stage en entreprise	work placement
		supérieur(e)	higher

Emphatic pronouns

moi	me	*nous*	us
toi	you (familiar singular)	*vous*	you (plural and polite)
lui	him	*eux*	them (masculine)
elle	her	*elles*	them (feminine)

These pronouns are used:

- combined with *même* to mean 'self':

  Je peux faire cela moi-même.

- when standing alone in a sentence:

  — Qui veut du chocolat ? — Moi !

  C'est devant toi.

  Je travaille plus dur que lui.

- for emphasis:

  Toi, tu es douée !

- after *c'est* and *ce sont*:

  Ce sont eux.

TEST YOURSELF QUESTION

Écoute Ambre, Nolan et Éléna parler de ce qu'ils veulent faire après le collège. Remplis la grille en français.

	Choix de lycée	Avantage(s)	Inconvénient(s)
Ambre			
Nolan			
Éléna			

REVISION TIP

French has many instances of different words sounding the same, such as *c'est*, *ses*, *ces*, *sais*, *sait*. Be aware of this when listening and use the context to work out the meaning.

Key vocabulary

l'apprentissage (*m*)	apprenticeship; learning	s'inscrire	to enrol
le bénévolat	voluntary work	l'institut (*m*) universitaire de technologie (IUT)	technical university
le concours	competitive examination	la licence	degree
		la littérature	literature
croire	to believe	le niveau	level
l'employeur/l'employeuse	employer	poursuivre	to pursue
l'esprit (*m*)	mind	prêt(e) à	ready to
faire pareil	to do the same thing	profiter de	to benefit from
la formation	training	temporaire	temporary
former	to train	valoir la peine	to be worth it

Conditional

The conditional means 'would be', 'would go' etc. It is formed using the same stem as the future tense but a different set of endings:

je	*-ais*
tu	*-ais*
il/elle	*-ait*
nous	*-ions*
vous	*-iez*
ils/elles	*-aient*

J'aimerais visiter ce lycée. (aimer)
I would like to visit that school.

Nous serions heureux de vous accompagner. (être)
We would be happy to accompany you.

À ta place, j'aurais peur ! (avoir)
In your place, I would be scared!

It is illegal to photocopy this page

TEST YOURSELF QUESTION

Lis le texte. Choisis les cinq phrases qui sont vraies selon le texte.

Salut,

Tu m'as demandé ce que j'ai l'intention de faire après le collège. Si tout va bien, je m'inscrirai au lycée général et technologique et je préparerai le bac littéraire. Mon prof de français pense que c'est une bonne idée. Mes parents préféreraient que je poursuive des études scientifiques, mais je suis trop faible en sciences. Par contre, la lecture est ma passion.

Après le bac, j'aimerais m'inscrire à la fac. Ce serait bien si je pouvais étudier les langues vivantes. Cette année j'ai commencé à apprécier les cours d'anglais et d'espagnol, et la littérature étrangère m'intéresse énormément. Mais d'abord, avant d'aller à la fac, je voudrais prendre une année sabbatique. Je pourrais voyager dans des pays où l'on parle espagnol – il y en a beaucoup. Ça m'intéresserait aussi de faire du bénévolat.

J'ai d'autres projets qui n'ont rien à voir avec les études. Comme tu le sais, je me passionne pour l'équitation et je continuerai à représenter mon club. Je voudrais essayer le judo car ma meilleure copine en fait depuis quelques années et ça lui plait beaucoup. Si nous avions une piscine mieux chauffée, je ferais aussi de la natation.

Amicalement,

Nabila

1 Nabila espère aller au lycée général et technologique.
2 Nabila veut suivre les conseils de ses parents.
3 Nabila trouve les sciences faciles.
4 Nabila adore lire.
5 Nabila a déjà commencé à apprendre deux langues vivantes.
6 Nabila aime l'anglais depuis le début du collège.
7 Nabila prendra une année sabbatique après sa licence.
8 Nabila voudrait enseigner l'espagnol.
9 Nabila va bientôt commencer à représenter son club d'équitation.
10 Nabila ne fait pas encore de judo.
11 Nabila ne nage pas en ce moment.

COMMON PITFALLS

Take care with negative statements in reading and listening activities. Sometimes a negative meaning is conveyed by a conditional statement such as 'If possible I would…'.

Future plans
1 Décris cette image.
2 Que fait l'homme au milieu de l'image ?
3 Quel métier voudrais-tu faire plus tard dans la vie ? Pourquoi ?
4 Comment est-ce que les métiers ont changé ces dernières années ?
5 Pourquoi est-il important d'aimer son métier ?

Sample answer

1 *Je vois un très grand bureau avec beaucoup d'ordinateurs. Les employés travaillent dur.*

A good first answer. It's perhaps difficult to tell from the picture whether the people are working hard, but that doesn't matter.

2 *Il a parlé avec une employée. Il lui a posé une question sur un client.*

It's reasonable to assume that they are talking and that one of them may be asking a question. However, the answer should be in the present tense to match the question.

3 *Je voudrais devenir facteur parce que j'adore être en plein air. Si j'étais facteur je pourrais parler avec beaucoup de gens.*

A good answer, including the appropriate use of imperfect and conditional tenses.

4 *Dans beaucoup de métiers, on utilise la technologie et on passe la journée devant un ordinateur. Ce n'est pas pour moi.*

A good answer, including an appropriate personal opinion. Even better would be to include a statement about the past in the imperfect tense, e.g. *Dans le passé on écrivait des lettres.*

5 *J'aime travailler en plein air et si je ne deviens pas facteur je vais peut-être travailler dans la construction.*

Although the French is correct, the student has not answered the question set. It would be better to say something about being motivated and doing a better job as a result.

EXAM TIP

In the picture task, don't worry too much about interpreting the picture correctly. The emphasis should be on using the picture as a starting point for showing off your French.

Turn to page 117 for more practice with speaking questions.

Key vocabulary

l'année (*f*) sabbatique	gap year	faire des économies	to save
l'annonce (*f*)	advertisement	le/la guide (touristique)	(tourist) guide
arrêter	to stop	l'inconvénient (*m*)	disadvantage
dehors	outside	manquer	to be missing, to be lacking
embaucher	to employ		
l'employé(e)	employee	mettre de côté	to put to one side, save
l'étudiant(e)	(higher education) student	le petit boulot	part-time job
		le poste	job, post
l'esprit (*m*) d'équipe	team spirit	réfléchir à	to think about
l'esprit ouvert	open mind	se renseigner sur	to find out about

G

Time expressions

Here are some of the most commonly used prepositions of time:

- *avant*   before

  J'arriverai avant dix heures.

- *après*   after

  Que ferez-vous après vos études ?

- *dès*   from

  Le travail a été difficile dès le départ.

- *en*   in (within a period of time)

  Elle a terminé ses études en trois ans.

- *dans*   in (at a future point in time)

  Dans un an, je commencerai à gagner de l'argent.

- *pour*   for (usually in the future)

  Nous allons en Espagne pour quinze jours.

- *pendant*   for (describing a completed event or situation)

  Pendant mon année sabbatique, j'ai appris une nouvelle langue.

- *depuis*   since, for (a period of time up to the present)

  Il étudie la médecine depuis cinq ans.

TEST YOURSELF QUESTION

Lis le message. Ensuite, lis les phrases et décide si chaque phrase est vraie ou fausse. Si la phrase est fausse, corrige-la.

Salut Nathan,

J'espère que tu vas bien. Je vais bientôt terminer mon année sabbatique et je serai de retour chez moi dans trois semaines. Je suis impatiente de revoir ma famille.

Comme tu le sais, j'ai répondu à une annonce et j'ai travaillé pendant huit mois à l'office de tourisme d'Uzès, dans le sud de la France. Pendant l'été, Uzès compte de très nombreux touristes et depuis le début du mois de mai, je dois travailler cinq jours par semaine. Cependant, j'ai rencontré beaucoup

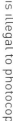

de gens intéressants. C'étaient surtout des Français, mais il y avait pas mal d'étrangers aussi. Certains avaient du mal à s'exprimer en français.

Malgré les horaires, j'ai pu me relaxer aussi et j'ai fait la connaissance d'un couple très gentil qui habite Uzès depuis quarante ans. Ils m'ont convaincue de venir passer une semaine chez eux avant le début de mes études en octobre. Ce sera bien d'être touriste pendant quelques jours sans devoir travailler.

Et toi, as-tu l'intention de faire une année sabbatique ?

Amitiés,

Joëlle

1 Joëlle vient de terminer son année sabbatique.
2 Joëlle rentrera chez elle dans quelques semaines.
3 Joëlle habite à Uzès.
4 En été il y a peu de touristes à Uzès.
5 La plupart des touristes à l'office de tourisme venaient de France.
6 Tous les touristes étrangers ne parlaient pas bien le français.
7 Le couple que Joëlle a rencontré est arrivé à Uzès il y a quarante ans.
8 Joëlle va travailler à Uzès pendant quelques jours.

REVISION TIP

Know your time phrases as well as your verb tenses. Time phrases often indicate whether a statement refers to the past, present or future.

Key vocabulary

acquérir	to acquire	**expérimenté(e)**	experienced
l'animateur/l'animatrice	leader (in charge of activities)	**le jardinier**	gardener
		le livreur	delivery person
l'annonce (*f*)	advertisement	**la patience**	patience
l'association caritative	charity	**la retraite**	retirement
la caisse	till	**sans emploi**	unemployed
le caissier/la caissière	cashier	**le sauveteur**	lifeguard
le camp de vacances	holiday camp	**le serveur/la serveuse**	waiter/waitress
convaincre	to convince	**surveiller**	to monitor, watch over
défavorisé	disadvantaged	**la tâche**	task
l'expérience (*f*)	experience		

Dependent infinitives

To say that you are having something done by someone else, you can combine *faire* with an infinitive. For example:

*Ils **font construire** une école.*
They are having a school built.

*Elle **s'est fait** préparer un repas.*
She had a meal prepared (for her).

*Je vais vous **faire voir** le bureau.*
I'll show you (= I will enable you to see) the office.

TEST YOURSELF QUESTION

1   Relie chaque réponse à la question qui convient le mieux.
2   Invente une réponse différente à chaque question.

Questions

1   Pourquoi veux-tu faire du bénévolat ?
2   Tu veux travailler pendant combien de temps ?
3   Où veux-tu travailler ?
4   Quel genre de travail t'intéresse le plus ?
5   Quelles qualités personnelles as-tu ?
6   Tu as de l'expérience ?
7   Connais-tu quelqu'un qui a fait du bénévolat ?
8   Qu'est-ce que tu veux faire comme métier plus tard dans la vie ?

Réponses

a   Le travail avec les personnes âgées.
b   Oui, l'année dernière j'ai aidé ma grand-mère.
c   Je veux aider les gens.
d   Oui, mon cousin a fait du bénévolat pendant plusieurs semaines.
e   Trois semaines.
f   Je veux devenir médecin.
g   Dans ma ville.
h   Je suis patient(e) et j'aime écouter les gens.

REVISION TIP

Not every response in a conversation has to be a complete sentence. Sometimes it's enough to say a short phrase. Practise giving a mixture of long and short answers.

EXAM-STYLE QUESTION

Tu vas entendre deux jeunes Belges parler du bénévolat. Qu'est-ce qu'ils disent ?

Coche ☒ les **6** bonnes cases.

Exemple : Caroline …
- ☐ **A** fait souvent du bénévolat.
- ☒ **B** a déjà fait du bénévolat.
- ☐ **C** a l'intention de faire du bénévolat.
- ☐ **D** ne veut pas faire de bénévolat.

(a) Caroline a travaillé …
- ☐ **A** dans un centre sportif.
- ☐ **B** en plein air.
- ☐ **C** dans une école.
- ☐ **D** à l'étranger.

(b) Caroline a appris …
- ☐ **A** le travail d'équipe.
- ☐ **B** la communication.
- ☐ **C** la responsabilité.
- ☐ **D** le respect.

(c) Caroline a aimé …
- ☐ **A** voir le sourire des enfants.
- ☐ **B** écouter les enfants.
- ☐ **C** organiser des jeux pour les enfants.
- ☐ **D** aider les enfants à réussir.

(d) Philippe préférerait …
- ☐ **A** travailler avec des enfants.
- ☐ **B** travailler en ville.
- ☐ **C** travailler dans le parc.
- ☐ **D** travailler avec des personnes âgées.

(e) La copine de Philippe ...

   ☐ **A** a déjà fait du bénévolat.

   ☐ **B** peut aider Philippe à trouver du travail.

   ☐ **C** va peut-être faire du bénévolat avec lui.

   ☐ **D** demandera si elle peut accompagner Philippe.

(f) Philippe va ...

   ☐ **A** chercher l'adresse e-mail du conseil municipal.

   ☐ **B** donner l'adresse e-mail à Caroline.

   ☐ **C** demander à sa copine si elle a l'adresse e-mail.

   ☐ **D** se renseigner par mail.

Sample answer

(a) C

Although Caroline worked with children it was in a sports centre rather than a school so the correct answer is A.

(b) D

Correct. Respect is one of the qualities mentioned.

(c) C

While it is reasonable that Caroline might be involved in organising games, she does not mention this. On the other hand, she mentions the pleasure of seeing the children smile, so option A is correct.

(d) C

Correct. The voluntary work mentioned by Caroline is cleaning up the park and Philippe says that it appeals to him.

(e) A

There is nothing to say that Philippe's girlfriend has already done volunteering, but Philippe thinks she may be interested in volunteering in the park. Option C is therefore correct.

(f) D

Correct. Caroline offers to give Philippe the council's email address and Philippe says he will email them straight away.

EXAM TIP

The hardest questions in the listening test tend to be those that require inference: in other words, where you are not told the answer directly but have to work it out.

Turn to page 117 for more practice of this style of listening question.

Key vocabulary

l'appli (*f*)	app	la méthode	method
communiquer	to communicate	le portable	mobile phone
compris(e)	included	rapidement	quickly
le courriel	email (message)	régulièrement	regularly
l'écran (*m*)	screen	le réseau social	social network
envoyer	to send	rester en contact	to stay in touch
facilement	easily	la technologie	technology
le forfait	(fixed) fee	le téléphone fixe	landline
fréquemment	frequently	le texto	text (message)
la messagerie instantanée	instant messaging	traditionnel(le)	traditional

Comparative adverbs

The comparative of an adverb is formed in the same way as the comparative of an adjective. In most cases this means placing *plus*, *moins* or *aussi* in front of the adverb, for example:

> *Grâce à la messagerie instantanée les ados restent **plus facilement** en contact avec leurs amis.*

> *Les jeunes utilisent le téléphone fixe **moins fréquemment** que leurs parents.*

> *Les grands-parents peuvent communiquer par e-mail **aussi bien** que les jeunes.*

A few adverbs have a special comparative form, for example:

> *Le wifi marche **mieux** ici.*

Superlative adverbs

These are formed in the same way as comparative adverbs, but with the addition of the definite article, for example:

> *Les ados veulent se connecter **le plus vite** possible.*

> *C'est le réseau social que nous utilisons **le moins souvent**.*

TEST YOURSELF QUESTION

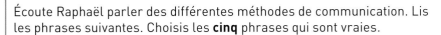

Écoute Raphaël parler des différentes méthodes de communication. Lis les phrases suivantes. Choisis les **cinq** phrases qui sont vraies.

1 Raphaël utilise rarement son portable.
2 Raphaël est constamment en contact avec ses amis.
3 Raphaël va acheter une nouvelle tablette.
4 Une tablette est utile quand on fait ses devoirs.
5 Raphaël passe plus de temps devant l'écran que ses amis.
6 Les amis de Raphaël disent que c'est malsain de rester trop longtemps devant l'écran.
7 Raphaël pense que c'est bien de faire du sport.
8 Paul communique sur les réseaux sociaux.
9 Raphaël a partagé des données personnelles sur les réseaux sociaux.
10 La famille de Raphaël utilise le téléphone fixe.
11 Raphaël pense que le téléphone fixe est démodé.

REVISION TIP

Many words look identical in French and English but are pronounced in a different way, such as 'message' and 'parents'. Make a list of further examples to help you recognise them in listening exercises.

It is illegal to photocopy this page

Key vocabulary

cacher	to hide	**inquiet (-ète)**	worried
le compte	account	**l'internaute**	internet user
conscient(e)	aware	**mentir**	to (tell a) lie
les données personnelles	personal data	**le mot de passe**	password
en ligne	online	**partager**	to share
en sécurité	safe	**le piratage**	hacking
éviter	to avoid	**protéger**	to protect
faire attention	to be careful	**prudent(e)**	careful
l'identité (*f*)	identity	**la vie privée**	privacy
un(e) inconnu(e)	stranger	**le vol**	theft

Direct and indirect speech (G)

Direct speech is where the exact words of the speaker are quoted:

> *Nolween dit : « Je me sens en sécurité. »*

> *L'homme dit à son fils : « Tu dois être prudent. »*

Indirect speech is where the words of the speaker are adapted to the sentence and linked by *que*. Often this means changing the verb into the third person:

> *Nolween dit qu'elle se sent en sécurité.*

> *L'homme dit à son fils qu'il doit être prudent.*

TEST YOURSELF QUESTION

Tes amis ont beaucoup d'opinions sur la communication électronique. Pour chaque personne, écris une phrase avec ... *dit que*... comme dans l'exemple :

> Étienne : « J'utilise tous les jours la messagerie instantanée. »

> Étienne dit qu'il utilise tous les jours la messagerie instantanée.

1 Véronique : « Je fais attention quand je vais en ligne. »
2 Margot : « Je protège ma vie privée sur Internet. »
3 Oscar : « Mes parents ont peur des vols d'identité. »
4 Mamadou : « Je n'ai jamais communiqué avec un inconnu. »
5 Carole : « Mon père n'aime pas ça quand je me connecte à des réseaux sociaux. »
6 Léonie : « Je me sens en danger quand je suis devant mon écran. »
7 Amjad : « Mes amis et moi, nous aimons les jeux électroniques. »
8 Zach : « Tu passes trop de temps en ligne ! »

REVISION TIP

Take care with pronouns in French, remembering that 'it' can be translated as *il/le* or *elle/la* depending on the gender of the noun. Using the wrong pronoun can cause confusion.

EXAM-STYLE QUESTION

Lis le texte. Complète le tableau en français. Il n'est pas nécessaire d'écrire des phrases complètes.

Internet

Une enquête récente sur la communication a confirmé que les jeunes envoient de moins en moins des courriels et qu'ils préfèrent utiliser la messagerie instantanée. Ce n'est pas à cause du prix mais c'est la rapidité qu'ils trouvent utile. Pour les parents, ce sont les courriels qui remplacent les appels téléphoniques traditionnels. Cela coute moins cher et c'est plus pratique, même s'ils n'ont pas de smartphone. Quant à la génération des grands-parents, ils utilisent souvent le téléphone fixe pour rester en contact avec leurs amis.

La sécurité en ligne est de plus en plus importante. Le vol d'identité est le problème le plus grave et il faut savoir se protéger. L'internaute prudent change régulièrement ses mots de passe. Et il faut faire attention quand on se sert des réseaux sociaux. Peut-être que vous ne connaissez pas la personne avec qui vous parlez. Pourtant, malgré les problèmes, Internet nous aide beaucoup, surtout comme source d'information.

Exemple : Sujet de l'enquête : ....*communication*.................

(a) Préférence des jeunes :	(1)
(b) Avantage de cette méthode de communication :	(1)
(c) Préférence des parents :	(1)
(d) Avantages de cette méthode de communication : .... et	(2)
(e) Préférence des grands-parents :	(1)
(f) Principal danger d'Internet :	(1)
(g) Mesure de protection recommandée :	(1)
(h) Danger des réseaux sociaux :	(1)
(i) Avantage d'Internet :	(1)

[Total = 10 marks]

Sample answer

(a) *courriel*

The correct answer is *messagerie instantanée*. The phrase *de moins en moins* referring to e-mail means 'less and less'.

(b) *prix*

The correct answer is *rapidité/rapide*. The reference to cost is in the negative form.

(c) *e-mail*

Correct. It would also be fine to lift *courriels* from the text.

(d) *moins cher*

This is one of the correct answers, but two are required. The other is *pratique*.

(e) *téléphone*

This is a partly correct answer, but the adjective *fixe* needs to be added to distinguish it from *(téléphone) portable*.

(f) *vol d'identité*

Correct. The phrase *le problème le plus grave* corresponds to *principal danger*.

(g) *changer régulièrement ses mots*

This is an incomplete answer as it should refer to *mots de passe*, passwords.

(h) *vous ne connaissez pas la personne avec qui vous parlez*

Correct. In this case the question requires a long answer. Care needs to be taken not to miss out words when copying from the text.

(i) *Internet nous aide*

Although a correct statement, it does not answer the question specifically enough. The correct answer is *source d'information*.

EXAM TIP

Never give more than one answer to a comprehension question. If you give two answers you will only score the mark if both answers are correct.

Turn to page 118 for more practice of this style of reading question.

Key vocabulary

les actualités (*f*)	news	s'informer	to keep oneself informed
avoir besoin de	to need		
le changement	change	le journal	newspaper
convivial	friendly	la liberté	freedom
couteux (-euse)	costly	le moyen de communication	means of communication
essentiel(le)	essential		
les gros titres	headlines	propre	own
les habitudes (*f*)	habits	la publicité	advertising
l'hebdomadaire (*m*)	weekly paper	le quotidien	daily paper
l'inconvénient (*m*)	drawback	la télécommande	remote control
les informations, les infos (*f*)	news	zapper	to flick (between channels)

Depuis with the imperfect tense

Just as *depuis* can be used with the present tense to convey the idea of 'something has been happening (and is still happening now) for a certain length of time, *depuis* can be used with the imperfect tense to convey the idea of 'something had been happening (and was still happening) for a certain length of time at a specified point in the past. For example:

Je regardais les infos depuis cinq minutes quand ma copine m'a appelé.
I'd been watching the news for five minutes when my girlfriend rang me.

Quand ma mère était petite, la télévision existait déjà depuis longtemps.
When my mother was little, television had already existed for a long time.

TEST YOURSELF QUESTION

Écoute ces jeunes Français parler des différentes sources d'information. Chaque personne utilise quelle source ? Écris A, B, C, D ou E.

Enzo : ....

Mélanie : ....

Yves : ....

Doria : ....

Hugo : ....

Key vocabulary

admirer	to admire	**le politicien/la politicienne**	politician
l'auditeur/l'auditrice	listener	**postuler pour**	to apply for (job)
célèbre	famous		
courageux (-euse)	brave	**pousser**	to push
en direct	live (broadcast)	**la radio**	radio station
le documentaire	documentary	**le reportage**	report
l'entretien (m)	interview	**le/la reporter**	reporter
l'inspiration (f)	inspiration	**suivre**	to follow
le journalisme	journalism	**le téléspectateur/la téléspectatrice**	(TV) viewer
le parcours	route, career	**la vedette**	star
		la vocation	vocation

Après avoir

You can use *après avoir* or *après être* + past participle to say 'after doing something'. With reflexive verbs, the reflexive pronoun goes after the word *après*. Likewise any object pronoun goes after the word *après*. Don't forget to make the past participle of an *être* verb agree with the subject. Examples:

Après avoir vu une annonce, j'ai postulé pour l'emploi.

Après m'avoir expliqué la situation, la patronne est partie.

Après être partie à l'étranger, elle a décidé de travailler pour un journal.

Après s'être assis, les deux candidats se sont présentés.

Sometimes it is neater to use *après* followed by a noun or noun phrase, for example:

Après trois jours à Paris nous sommes rentrés.
(rather than: *Après avoir passé trois jours à Paris nous sommes rentrés*).

TEST YOURSELF QUESTION

Imagine que tu postules pour un emploi de journaliste. On te pose les questions suivantes. Comment réponds-tu ? Si tu veux, tu peux utiliser les expressions de la case.

- Où avez-vous vu l'annonce pour cet emploi ?
- Pourquoi vous intéressez-vous à ce poste ?
- Avez-vous déjà fait un peu de journalisme ?
- Quelles sont les qualités d'un bon journaliste ?
- Quels sont les inconvénients de ce métier ?
- Dans cinq ans, où espérez-vous travailler ?
- Y a-t-il un journaliste que vous admirez ?
- Avez-vous des questions pour moi ?

hebdomadaire	rencontrer	écouter	pays francophone
quotidien	au lycée	dangereux	inspirer
vocation	interviewer	longues heures	impressionner
s'intéresser à	reportage	après avoir	avoir l'occasion de
voyager	poser des questions	à l'étranger	commencer

REVISION TIP

Pay attention to your intonation when speaking French, especially when asking questions.

EXAM-STYLE QUESTION

Un entretien avec Sonia, présentatrice sur France 3

Modifie les mots (a)-(j). Ils doivent respecter le sens correct de la phrase.

Attention ! il n'est pas toujours nécessaire de changer les mots.

Journaliste : Bonjour Sonia. Vous **(a) [être]** présentatrice depuis combien de temps ?

Sonia : Depuis cinq ans. D'abord, après avoir **(b) [faire]** mes études de journalisme, j'ai travaillé comme reporter pour un journal **(c) [national]**. C'était bien parce que je pouvais rencontrer de **(d) [nouveau]** personnes et découvrir mon pays.

Journaliste : Pourquoi êtes-vous **(e) [devenir]** présentatrice ?

Sonia : J'avais depuis toujours l'ambition de **(f) [travailler]** à la télévision. J'apprécie l'ambiance du direct. J'ai interviewé des politiciens **(g) [célèbre]** et j'ai **(h) [apprendre]** beaucoup de choses.

Journaliste : Y a-t-il des inconvénients ?

Sonia : Oui, des problèmes techniques **(i) [pouvoir]** arriver quand on est en direct et je travaille de **(j) [long]** heures. Mais cela en vaut la peine – c'est un métier enrichissant et fascinant.

(a) .... (1)   (f) .... (1)
(b) .... (1)   (g) .... (1)
(c) .... (1)   (h) .... (1)
(d) .... (1)   (i) .... (1)
(e) .... (1)   (j) .... (1)

[Total = 10 marks]

Sample answer

(a) *avez été*

The correct answer is *êtes*, because *depuis* is used with the present tense.

(b) *fait*

Correct. *Après avoir* is followed by the past participle.

(c) nationale

The correct answer is *national*, because *journal* is masculine.

(d) nouvelles

Correct. The noun *personnes* is feminine plural.

(e) devenu

The correct answer is *devenue*, because *devenir* is an *être* verb and the past participle takes the feminine ending.

(f) travailler

Correct. The infinitive is used after a phrase such as *mon ambition de*.

(g) célèbre

The correct answer is *célèbres*, because the noun *politiciens* is masculine plural.

(h) appris

This is the correct past participle of *apprendre*.

(i) peut

The correct answer is *peuvent*, because the noun *problèmes* is plural.

(i) longues

This is the correct feminine plural form of the adjective *long*.

EXAM TIP

Make sure your handwriting is legible. In this exercise every letter of every word counts.

Turn to page 118 for more practice of this style of writing question.

Pearson Edexcel International GCSE French Study and Revision Guide

Your turn

1A HOUSE AND HOME

Mon logement

salon	garage
confortable	demain

Tu écris une réponse de 60 à 75 mots **en français** au sujet de ton logement. **Tu dois** employer tous les mots ci-dessus.

1B SCHOOL LIFE AND ROUTINE

Réponds à ces questions.

La vie au collège
1 Dans ton collège, à quelle heure commencent les cours ? Tu en as combien par jour ?
2 Comment sont les salles de classe ?
3 Tu aimes ton collège ? Pourquoi (pas) ?
4 L'année dernière, quelle était ta matière préférée ? Pourquoi ?
5 Quelles sont les qualités d'un bon professeur ?
6 À l'avenir, comment les collèges changeront-ils, à ton avis ?

1C FOOD AND DRINK

Lis l'e-mail. Mets une lettre dans chaque case.

Salut !

Je viens de passer quinze jours chez mes grands-parents. Ils sont en bonne santé et je suis sure que c'est grâce à ce qu'ils mangent.

D'habitude, le matin, je mange des céréales et je ne bois rien, alors que mes grands-parents m'ont servi des tartines et du jus d'orange.

Normalement, mes grands-parents mangent un gros repas à midi. Mais pendant mon séjour ils ont changé leurs habitudes et nous avons pris le repas principal le soir.

Le dernier jour mes grands-parents m'ont demandé de préparer un couscous aux légumes. J'ai eu de la chance car c'est mon plat préféré.

Pendant mon séjour, je n'ai pas eu envie de manger des sucreries. Je sais que je grignote trop chez moi. Je vais essayer de changer cela.

Emma

A	céréales	E	plus	I	semaines
B	légumes	F	repas	J	soir
C	midi	G	sainement	K	tartines
D	moins	H	séjour	L	trop

Exemple : Emma a passé deux … chez ses grands-parents.	I
(a) Les grands-parents d'Emma mangent … .	
(b) Chez ses grands-parents, Emma a mangé des … le matin.	
(c) D'habitude, les grands-parents d'Emma mangent leur repas principal à … .	
(d) Le dernier jour, Emma a préparé un … .	
(e) Avec le couscous, ils ont mangé des … .	
(f) À l'avenir, Emma va … grignoter.	

1D COMMON AILMENTS AND HEALTHY LIFESTYLES

Tu vas entendre une conversation entre Ambre et Yanis au sujet d'une vie saine. Lis les phrases et choisis la bonne lettre.

A	été	D	hiver	G	nage	J	près	M	voiture
B	exercice	E	loin	H	pied	K	tôt		
C	fait	F	moins	I	plus	L	va		

Exemple : Ambre fait beaucoup d … .	B
(a) Yanis habite … de son collège.	
(b) Yanis n'aime pas aller au collège à … .	
(c) En …, Yanis ne fait pas de sport.	
(d) Ambre mange … de légumes que Yanis.	
(e) Ambre … souvent le matin.	
(f) Quelquefois, Ambre … à la salle de gym après le collège.	

1E MEDIA – TV AND FILM

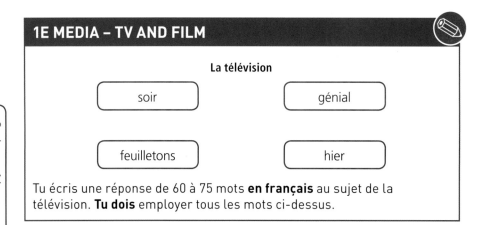

La télévision

soir

génial

feuilletons

hier

Tu écris une réponse de 60 à 75 mots **en français** au sujet de la télévision. **Tu dois** employer tous les mots ci-dessus.

2A RELATIONSHIPS WITH FAMILY AND FRIENDS

Écoute ces jeunes parler de leurs frères et sœurs. L'opinion est-elle positive, négative ou positive **et** négative ?

	Opinion positive	Opinion négative	Opinion positive et négative
Exemple : Enzo	☐	☒	☐
(a) Emma	☐	☐	☐
(b) Lucas	☐	☐	☐
(c) Manon	☐	☐	☐
(d) Maxence	☐	☐	☐
(e) Océane	☐	☐	☐
(f) Clément	☐	☐	☐

2B DAILY ROUTINE AND HELPING AT HOME

Daily routines and helping at home
1   Décris cette image.
2   Que fait la femme ?
3   À ton avis, qu'est-ce que la femme et la jeune fille ont fait il y a quelques minutes ?
4   Aimes-tu faire les tâches ménagères ? Pourquoi (pas) ?
5   Pourquoi est-il important de partager les tâches ménagères ?

2C HOBBIES AND INTERESTS

Les activités de loisirs

weekend

cinéma

copains

demain

Tu écris une réponse de 60 à 75 mots **en français** au sujet des activités de loisirs. **Tu dois** employer tous les mots ci-dessus.

2D SPECIAL OCCASIONS

Une occasion spéciale

Caroline parle d'une occasion spéciale. Note les détails en français ou en chiffres.

Exemple : Type d'occasion spéciale : .... *mariage* ....

(a) Date de l'occasion :	(1)
(b) Nombre d'invités :	(1)
(c) Lieu de la réception :	(1)
(d) Heure du repas :	(1)
(e) Personne qui a pris les photos :	(1)
(f) Moyen de transport :	(1)

2E HOLIDAYS

Coche la bonne case.

Les vacances

L'année dernière, je suis parti à la montagne avec ma famille. Nous avons passé quinze jours dans un gite. C'était bien pour faire des randonnées, mais ma sœur n'a pas aimé cela. Elle préfère les vacances au bord de la mer. Donc cet été, pour nos vacances, nous allons louer un appartement à 500 mètres de la plage. Nous irons en train et nous laisserons la voiture chez nous. S'il fait beau nous ferons du ski nautique, sinon nous ferons du shopping ! Le soir, nous mangerons au restaurant parce que mes parents ne veulent pas faire de cuisine quand ils sont en vacances. À midi, on fera un piquenique, comme d'habitude.

Ali

Exemple : L'année dernière, Ali est parti en vacances …

- [ ] **A** seul.
- [x] **B** avec sa famille.
- [ ] **C** avec des copains.
- [ ] **D** avec un groupe scolaire.

(a) L'année dernière, Ali a passé ses vacances …
- [ ] **A** à la montagne.
- [ ] **B** dans une grande ville.
- [ ] **C** à la campagne.
- [ ] **D** au bord de la mer.

(b) Le séjour a duré …
- [ ] **A** un mois.
- [ ] **B** deux mois.
- [ ] **C** une semaine.
- [ ] **D** deux semaines.

(c) La sœur d'Ali …
- [ ] **A** aime faire des randonnées.
- [ ] **B** n'aime pas faire des randonnées.
- [ ] **C** veut faire plus de randonnées.
- [ ] **D** n'a pas fait de randonnées.

(d) Cet été, la famille d'Ali …
- [ ] **A** restera à la maison.
- [ ] **B** ira à la mer.
- [ ] **C** achètera un nouvel appartement.
- [ ] **D** dormira sous la tente.

(e) La famille fera du shopping …
- [ ] **A** tous les jours.
- [ ] **B** s'ils ont assez d'argent.
- [ ] **C** en ville.
- [ ] **D** s'il fait mauvais.

(f) La famille mangera …
- [ ] **A** au restaurant le soir.
- [ ] **B** tous ses repas au restaurant.
- [ ] **C** une fois au restaurant.
- [ ] **D** plusieurs fois au restaurant.

2F TOURIST INFORMATION AND DIRECTIONS

Réponds à ces questions.

Les activités de vacances

1 Quand tu pars en vacances, quelle est ton activité préférée ?
2 La dernière fois que tu es parti(e) en vacances, quelles activités as-tu faites ?
3 Préfères-tu partir en vacances avec ta famille ou avec un groupe scolaire ? Pourquoi ?
4 Préfères-tu partir à l'étranger ou rester dans ton pays ? Pourquoi ?
5 Les vacances doivent-elles couter cher, à ton avis ?
6 Dans dix ans, comment passeras-tu tes vacances ?

3A LIFE IN THE TOWN AND RURAL LIFE

Tu vas entendre deux jeunes Français parler de la ville et de la campagne. Qu'est-ce qu'ils disent ?

Coche ☒ les **6** bonnes cases.

Exemple : Margot habite …

- [ ] **A** dans un village.
- [x] **B** dans une ville.
- [ ] **C** au bord de la mer.
- [ ] **D** à la campagne.

(a) Margot pense que la ville est …
- [ ] **A** trop bruyante.
- [ ] **B** animée.
- [ ] **C** assez calme.
- [ ] **D** dangereuse.

(b) Margot sort …
- [ ] **A** avec d'autres personnes.
- [ ] **B** seule.
- [ ] **C** rarement.
- [ ] **D** tous les soirs.

(c) Quand elle habitait à la campagne Margot n'était pas heureuse …
- [ ] **A** parce qu'elle devait manger beaucoup de légumes.
- [ ] **B** parce que ses amis habitaient loin de chez elle.
- [ ] **C** parce qu'elle ne pouvait pas prendre de transports en commun.
- [ ] **D** parce que sa famille n'avait pas de voiture.

(d) Le village de Clément a …
- [ ] **A** un grand magasin.
- [ ] **B** une vieille église.
- [ ] **C** un petit château.
- [ ] **D** un hôtel touristique.

(e) Clément aime …
- [ ] **A** faire du tourisme.
- [ ] **B** aller en ville.
- [ ] **C** faire du vélo.
- [ ] **D** se relaxer dans le parc.

(f) Clément pense …
- [ ] **A** que la campagne est polluée.
- [ ] **B** que son collège est trop loin de chez lui.
- [ ] **C** que le paysage est agréable.
- [ ] **D** que son village est trop calme.

3B SHOPPING AND MONEY MATTERS

Lis l'e-mail de Soraya, puis réponds aux questions en français. Il n'est pas nécessaire d'écrire des phrases complètes.

Salut !

Tu m'as demandé si j'aime le shopping. Ça dépend. Ça ne me dit pas trop de faire les courses au supermarché, mais j'aime bien passer le samedi après-midi à dépenser mon argent de poche en achetant des vêtements.

La semaine dernière, au lieu d'aller au supermarché, j'ai fait les courses au marché couvert au centre-ville. C'était bien parce qu'il y avait moins de monde qu'au supermarché, mais le choix de produits était plus limité. J'ai trouvé le poisson que mon père m'avait demandé d'acheter, mais je n'ai pas trouvé la confiture. Je n'ai pas acheté de fraises parce qu'elles n'étaient pas fraiches.

Après avoir quitté le marché couvert, je suis allée à la librairie car j'avais besoin d'un livre sur la musique. C'était un cadeau d'anniversaire pour mon frère, qui fait des études de musique. La commerçante m'a montré plusieurs livres intéressants et j'ai choisi celui qui coutait le plus cher ! Mon frère va en être ravi.

En arrivant à la maison, je me suis rendu compte que j'avais oublié d'acheter une nouvelle brosse à dents. Donc j'ai dû retourner à la pharmacie pour en acheter une. Pendant que j'y étais, j'ai remarqué une belle paire de lunettes de soleil qui était en solde. Je n'ai pas hésité à l'acheter.

Soraya

1	Qu'est-ce que Soraya n'aime pas faire ?	[1]
2	Quand achète-t-elle des vêtements ?	[1]
3	La semaine dernière, où a-t-elle fait les courses ?	[1]
4	Pourquoi a-t-elle trouvé cela bien ?	[1]
5	Qui avait demandé à Soraya d'acheter du poisson ?	[1]
6	Pourquoi n'a-t-elle pas acheté de confiture ?	[1]
7	Pourquoi Soraya cherchait-elle un livre sur la musique ?	[1]
8	Combien de livres Soraya a-t-elle achetés ?	[1]
9	Qu'est-ce que Soraya a acheté à la pharmacie ?	[2]

3C PUBLIC SERVICES

La communication

Écris entre 130 et 150 mots **en français**. Écris un article sur la communication. Tu **dois** mentionner les points suivants.

- Quand **et** pourquoi tu fais des appels téléphoniques.
- Comment tu utilises Internet.
- La dernière lettre que tu as écrite.
- Les moyens de communication dans dix ans.

3D ENVIRONMENTAL ISSUES

Tu vas entendre une publicité pour le parc national des Cévennes.
Complète les phrases en choisissant la bonne lettre.

A	canoë	H	magnifiques
B	chaud	I	panoramas
C	cher	J	parc
D	enfants	K	randonnées
E	froid	L	réduit
F	guidées	M	séjour
G	jours		

Exemple : Le parc national des Cévennes offre des paysages … .	H
(a) La région a un climat …	
(b) La société Natu'Rando propose des balades en …	
(c) Avec l'association Le Merlet, on peut faire des …	
(d) Royal Kids est un parc de jeux pour les …	
(e) Royal Kids est ouvert presque tous les …	
(f) Les mardis en période scolaire, l'entrée au parc coute moins …	

3E WEATHER AND CLIMATE

Environmental issues
1 Fais-moi une description de cette image.
2 Que fait le garçon ?
3 En quoi notre climat a-t-il changé ?
4 Qu'est-ce qui risque de se passer si nous n'agissons pas ?
5 À ton avis, qu'est-ce qu'il faut faire pour combattre le changement climatique ?

3F EVERYDAY LIFE IN A FRENCH-SPEAKING COUNTRY

Une visite en Guadeloupe

Malek est allé voir sa famille en Guadeloupe. Écoute l'interview et note les détails en français. Il n'est pas nécessaire d'écrire des phrases complètes.

Exemple : Pays de naissance de Malek : .... *France* ....

(a) Membres de la famille qui habitent en Guadeloupe aujourd'hui : ....

(b) Première chose qui a frappé Malek en Guadeloupe : ....

(c) La fête la plus importante en Guadeloupe : ....

(d) L'activité que Malek a préférée en Guadeloupe : ....

(e) Distance entre la Guadeloupe et l'Europe : ....

(f) Un problème si on habite en Guadeloupe : ....

3G CUSTOMS AND FESTIVALS

Les pays du monde et leurs coutumes

Écris entre 130 et 150 mots **en français**. Écris un article sur les pays du monde et leurs coutumes. Tu **dois** mentionner les points suivants.

● Une coutume ou un festival que tu trouves intéressant dans ton pays.

● Comment tu as célébré cette coutume ou ce festival la dernière fois.

● Un pays que tu voudrais visiter un jour, et pourquoi.

● L'importance des différences entre les pays.

3H TRAVEL AND TRANSPORT

Mets une croix ☒ dans les 8 cases appropriées. Attention ! une phrase ou une personne peuvent avoir plus d'une croix ou pas de croix du tout.

Les transports

Pauline

Mon frère va au collège à vélo, mais moi j'y vais à pied – même quand il fait mauvais – parce que ce n'est pas loin. J'ai deux copines qui m'accompagnent et l'exercice est bon pour la santé. En voiture, le trajet prend plus de temps.

Alexis

Mon frère a une moto. Je voudrais faire comme lui mais je suis trop jeune. Donc je prends le bus pour aller au collège. J'aime bien être avec mes copains. S'il y avait une piste cyclable, j'irais au collège à vélo.

Laura

Je n'aime pas marcher ; je préfère garder la forme en faisant du sport. En plus, il y a trop de circulation et il est difficile de traverser la rue. Donc je prends le bus. Quand je serai plus âgée, j'achèterai une petite voiture.

	Pauline	Alexis	Laura
Exemple : Je suis trop jeune pour avoir une moto.	☐	☒	☐
A Je prends le bus.	☐	☐	☐
B J'ai ma propre voiture.	☐	☐	☐
C Pour moi, ce n'est pas facile d'aller au collège à pied.	☐	☐	☐
D Mon collège se trouve près de chez moi.	☐	☐	☐
E Je vais au collège à vélo.	☐	☐	☐
F Je vais au collège avec mes amis.	☐	☐	☐
G Je pense à ma santé.	☐	☐	☐

4A CHILDHOOD

Hobbies, interests, sports and exercise

1 Fais-moi une description de cette image.
2 Que fait le garçon de droite ?
3 À ton avis, qu'est-ce que les enfants vont bientôt faire ?
4 Qu'est-ce que tu aimais faire quand tu étais petit(e) ?
5 En quoi tes passetemps ont-ils changé depuis ton enfance ?

4B SCHOOL RULES AND PRESSURES

Écoute ces jeunes qui parlent de leur vie au collège. Est-ce que chaque personne parle du passé, du présent ou du futur ?

	Passé	Présent	Futur
Exemple : Adam	☐	☐	☒
(a) Alice	☐	☐	☐
(b) Gabriel	☐	☐	☐
(c) Jade	☐	☐	☐
(d) Lucas	☐	☐	☐
(e) Rose	☐	☐	☐
(f) Jules	☐	☐	☐

4C SCHOOL TRIPS, EVENTS, EXCHANGES

Un voyage scolaire

copains	photos
visité	prochain(e)

Tu écris une réponse de 60 à 75 mots **en français** au sujet d'un voyage scolaire. **Tu dois** employer tous les mots ci-dessus.

4D THE IMPORTANCE OF SPORT

Coche la bonne case.

> **L'importance du sport**
>
> Quand j'avais sept ans je faisais de la danse. Je m'amusais bien parce que j'étais avec mes copines et qu'on faisait des spectacles tous les six mois. J'ai arrêté la danse quand je suis allée au collège, mais j'ai commencé plusieurs autres sports comme la natation et le judo. La natation est vite devenue ma passion et mes parents m'ont encouragée à participer à des compétitions. C'était bien parce que j'allais aux compétitions avec ma meilleure copine. Maintenant, je m'entraine à la piscine municipale tous les mardis après le collège. J'ai aussi continué le judo, mais juste pour garder la forme, sans participer à des championnats !
>
> Isabelle

Exemple : Isabelle faisait de la danse …

- ☐ **A** sept fois par semaine.
- ☐ **B** il y a sept ans.
- ☒ **C** à l'âge de sept ans.
- ☐ **D** sept fois par an.

(a) Deux fois par an, Isabelle …
- ☐ **A** dansait avec ses copines.
- ☐ **B** regardait ses copines danser.
- ☐ **C** participait à un spectacle.
- ☐ **D** allait regarder un spectacle.

(b) Au collège, Isabelle …
- ☐ **A** a continué à danser.
- ☐ **B** a fait des compétitions de danse.
- ☐ **C** a commencé à nager.
- ☐ **D** a arrêté le judo.

(c) Isabelle …
- ☐ **A** a commencé à adorer la natation.
- ☐ **B** adorait la natation depuis qu'elle était petite.
- ☐ **C** a trouvé la natation difficile.
- ☐ **D** s'est inscrite à un club de natation.

(d) Isabelle …
- ☐ **A** a encouragé ses parents à participer à des compétitions.
- ☐ **B** a participé à des compétitions avec ses parents.
- ☐ **C** a gagné des compétitions.
- ☐ **D** a été contente de participer à des compétitions avec sa copine.

(e) Isabelle s'entraine …
- ☐ **A** tous les jours.
- ☐ **B** une fois par semaine.
- ☐ **C** au collège.
- ☐ **D** avec sa meilleure copine.

(f) Pour Isabelle, le judo est un sport …
- ☐ **A** plus sérieux que la natation.
- ☐ **B** qui l'aide à garder la forme.
- ☐ **C** moins facile que la natation.
- ☐ **D** de compétition.

4E ACCIDENTS AND INJURIES

Une blessure

Pierre parle d'une blessure. Note les détails en français ou en chiffres.

Exemple : Heure de la blessure : .... 9h30 ....

(a) Sport : ....   (1)

(b) Parties du corps blessées : .... et ....   (2)

(c) Heure du rendez-vous chez le médecin : ....   (1)

(d) Conseils du médecin : .... et ....   (2)

4F THE WORLD OF WORK

Les métiers

Écris entre 130 et 150 mots **en français**. Écris un article sur les métiers.
Tu **dois** mentionner les points suivants.

- Le métier de ta mère **ou** de ton père.
- Ton opinion sur le métier de ta mère **ou** de ton père.
- Un métier que tu voudrais faire, et pourquoi.
- Un métier que tu ne voudrais pas faire, et pourquoi pas.

4G FUTURE PLANS

Réponds à ces questions.

Mes projets d'avenir
1   Veux-tu faire des études supérieures ? Pourquoi (pas) ?
2   Si on ne veut pas faire d'études supérieures, quelles sont les possibilités ?
3   Qu'est-ce que les autres personnes (parents ? professeurs ?) t'ont conseillé de faire après le collège ?
4   À ton avis, est-ce une bonne idée de faire une année sabbatique ? Pourquoi (pas) ?
5   Cela t'intéresserait de travailler à l'étranger ? Pourquoi (pas) ?
6   Comment imagines-tu ta vie dans vingt ans ?

4H WORK, VOLUNTEERING, CAREERS

Tu vas entendre deux jeunes Français parler des années sabbatiques. Qu'est-ce qu'ils disent ?

Coche ☒ les **6** bonnes cases.

Exemple : Léonie …

- ☐ **A** n'a jamais fait une année sabbatique.
- ☐ **B** vient de finir son année sabbatique.
- ☐ **C** vient de commencer une année sabbatique.
- ☒ **D** voudrait faire une année sabbatique.

(a) Léonie voudrait savoir …
- ☐ **A** si Hugo a fini son année sabbatique.
- ☐ **B** si Hugo a aimé son année sabbatique.
- ☐ **C** quand Hugo a fait son année sabbatique.
- ☐ **D** où Hugo a fait son année sabbatique.

(b) Hugo …
- ☐ **A** était impatient de commencer ses études.
- ☐ **B** ne voulait pas commencer ses études trop tôt.
- ☐ **C** ne sait pas s'il va faire des études.
- ☐ **D** a déjà fait un an d'études.

(c) Hugo a décidé de …
- ☐ **A** faire du bénévolat.
- ☐ **B** travailler dans une banque.
- ☐ **C** aider les gens pauvres.
- ☐ **D** travailler avec des touristes.

(d) Hugo travaillait …
- ☐ **A** six jours par semaine.
- ☐ **B** tous les jours.
- ☐ **C** huit heures par jour.
- ☐ **D** de huit heures à quatorze heures.

(e) Hugo …
- ☐ **A** connaissait déjà les attractions d'Avignon.
- ☐ **B** a parlé plusieurs langues étrangères.
- ☐ **C** a aimé montrer les attractions aux touristes.
- ☐ **D** ne pouvait pas répondre à toutes les questions.

(f) Hugo n'a pas aimé …
- ☐ **A** les heures de travail.
- ☐ **B** certains touristes.
- ☐ **C** le climat chaud.
- ☐ **D** son logement.

Lis le texte. Complète le tableau en français. Il n'est pas nécessaire d'écrire des phrases complètes.

La communication

Comme la plupart des ados, j'utilise rarement le téléphone fixe. Pour communiquer avec mes amis, je préfère la messagerie instantanée car c'est plus facile que le téléphone. Le seul problème, c'est que je passe trop de temps sur mon smartphone. Pour lire les actualités, je n'écoute plus la radio mais j'utilise ma tablette. C'est la façon la plus pratique de s'informer, et c'est gratuit. Cependant, il y a trop de publicité sur les sites d'actualité. Récemment, au collège, on nous a expliqué les dangers liés à Internet, comme le vol d'identité et le harcèlement. Il faut bien connaitre ces dangers. Je me sens en sécurité parce que je ne partage jamais mes données personnelles et que je change régulièrement mes mots de passe. Certains de mes amis ne sont pas aussi prudents.

Nadine

Exemple : Méthode de communication préférée : .... messagerie instantanée ......

(a) Avantage de cette méthode : .... (1)
(b) Inconvénient de cette méthode : .... (1)
(c) Comment Nadine s'informe sur les actualités : .... (1)
(d) Avantages de cette méthode : .... et .... (2)
(e) Inconvénient de cette méthode : .... (1)
(f) Dangers d'Internet : .... et .... (2)
(g) Comment se protéger : .... et .... (2)

Modifie les mots (a)-(j). Ils doivent respecter le sens de la phrase.

Attention ! il n'est pas toujours nécessaire de changer les mots.

Le journal – un média du passé ?

Il y a quarante ans, Internet n'**(a)** **[exister]** pas. À cette époque-là, beaucoup de gens **(b)** **[acheter]** le journal **(c)** **[tout]** les jours pour s'informer. On regardait également les actualités à la télévision. Maintenant, de moins en moins de Français **(d)** **[lire]** le journal. Certains disent qu'ils n'**(e)** **[avoir]** pas le temps d'ouvrir un journal et que cela **(f)** **[couter]** trop cher. Si on a une tablette ou un smartphone, il est **(g)** **[facile]** de trouver les infos **(h)** **[essentiel]** sans ne rien payer. Pourtant, les journaux **(i)** **[traditionnel]** ne sont pas morts. C'est bien de **(j)** **[passer]** une heure à lire des articles intéressants. Et c'est bien d'éteindre son smartphone de temps en temps.

(a) .... **(f)** ....
(b) .... **(g)** ....
(c) .... **(h)** ....
(d) .... **(i)** ....
(e) .... **(j)** ....

Answers

1A House and home

Test yourself (pp. 6–7)

1 habite
2 mer
3 magasins
4 grand
5 bureau
6 chambres
7 immeuble
8 parc
9 murs
10 passer

Test yourself (p. 8)

1 c
2 f
3 a
4 g
5 b
6 d
7 h
8 e

1B School life and routine

Test yourself (p. 10)

1 réveille
2 sept
3 quitte
4 parle
5 huit
6 après
7 quart
8 moins
9 mange
10 couche

Test yourself (p. 11)

B, C, E, G, J

1C Food and drink

Test yourself (p. 13)

1 de l'
2 de
3 des
4 du
5 de la
6 du
7 de
8 de

Test yourself (p. 14)

1 Vrai
2 Faux; *cousins* → grands-parents
3 Vrai
4 Faux; *la viande* → le poisson
5 Faux; *Samira aime* → Les grands-parents de Samira aiment…
6 Vrai
7 Vrai
8 Faux; *le père de Samira* → Samira
9 Vrai
10 Faux; *chaud* → froid
11 Faux; *les plats préparés* → la nourriture fraiche

1D Common ailments and healthy lifestyles

Test yourself (p. 16)

1 J'ai mal à la tête.
2 J'ai mal au bras.
3 J'ai mal aux dents.
4 J'ai mal à la gorge.
5 J'ai mal au ventre. / J'ai mal à l'estomac.
6 J'ai de la fièvre.

Test yourself (p. 17)

2, 5, 6, 7, 10

1E Media – TV and film

Test yourself (p. 19)

Possible answers:
A C'est un feuilleton. Je trouve les feuilletons plutôt ennuyeux.
B C'est un téléfilm. J'aime regarder des téléfilms avec ma famille.
C C'est un documentaire. Je pense que les documentaires sont assez intéressants.
D C'est un jeu télévisé. À mon avis, il est bête.
E C'est une émission sportive. J'adore regarder le foot à la télé, mais pas les autres sports.
F C'est une émission de téléréalité. Cela me relaxe quand je suis fatigué(e).
G Ce sont les informations. Je regarde les informations tous les jours, c'est important.
H Ce sont des dessins animés. C'est bien pour les enfants – et pour les adultes aussi.

Test yourself (p. 20)

(a) devant
(b) soir
(c) marrants
(d) trouve
(e) ensemble
(f) intéressant
(g) souvent
(h) rit
(i) policier
(j) billets

2A Relationships with family and friends

Test yourself (p. 24)

1 Julien
2 La mère (de Thomas) / Chloé
3 48 ans
4 Le beau-père (de Thomas) / Julien
5 Son frère / Nathan
6 Il est généreux.
7 Elle fait des études / Elle est à l'université.
8 Elle est (trop) sérieuse.
9 Le (nouveau) petit ami d'Hélène / de la demi-sœur de Thomas

2B Daily routine and helping at home

Test yourself (p. 26)

1 Vrai
2 Faux – Mina se repose un peu, puis elle se lève.
3 Faux – Mina s'habille dans sa chambre.
4 Vrai
5 Faux – Mina quitte la maison à huit heures.
6 Vrai
7 Vrai
8 Faux – Mina se couche avant dix heures.

Test yourself (p. 27)

1	Aide/Aidez	6	viens
2	mangez	7	inquiétez
3	oublie	8	débarrassez
4	Range	9	Sois
5	Mettez	10	aies/ayez

2C Hobbies and interests

Test yourself (pp. 29–30)

1 Faux. Mina fait ses devoirs dans le salon → dans sa chambre
2 Mina aime regarder la télévision → lire
3 Faux. Les frères de Mina écoutent de la musique → jouent de la musique
4 Vrai
5 Faux. La mère de Mina passe la plus grande partie de la journée chez elle → au travail.
6 Faux. Quelquefois, la mère de Mina mange avant de regarder un film → regarde un film après le repas du soir
7 Vrai
8 Faux. Le weekend, les parents de Mina se lèvent tôt → font la grasse matinée

Test yourself (p. 30)

1	passetemps	6	copains
2	samedi	7	nager
3	aime	8	bruit
4	dimanche	9	rap
5	équipe	10	théâtre

2D Special occasions

Test yourself (p. 32)

1 J'ai invité des ami(e)s...
2 J'ai donné un cadeau à quelqu'un...
3 J'ai fêté un anniversaire...
4 J'ai dansé...
5 J'ai retrouvé des ami(e)s...
6 J'ai acheté un cadeau...
7 J'ai choisi une carte d'anniversaire...
8 J'ai pris des photos...
9 J'ai écouté quelqu'un chanter...
10 J'ai vu des gens heureux...

Test yourself (pp. 33–34)

1	G	4	N	7	N
2	V	5	V	8	A
3	A	6	A	9	G

2E Holidays

Test yourself (p. 35)

Students' own

Test yourself (p. 37)

1 (c'était) la plus belle ville de France
2 plus de 300
3 depuis 2007
4 le premier dimanche de chaque mois
5 le vélo / le Vélib'
6 (le Grand) Théâtre (de Bordeaux); (la) cathédrale (Saint-André)
7 (c'est) la plus longue rue piétonne d'Europe
8 (c'est) après la saison des pluies / il ne pleut pas
9 à la mer

2F Tourist information and directions

Test yourself (p.40)

(a)	logeons	(f)	dehors
(b)	faire	(g)	loué
(c)	terrain	(h)	tranquille
(d)	y	(i)	tente
(e)	connaissance	(j)	gite

Test yourself (p. 41)

Destination	Numéro
le bureau de poste	8
l'hôpital	10
le commissariat de police	3
le musée	11
le cinéma	2
la piscine	12

3A Life in the town and rural life

Test yourself (p. 43)

Possible answers:

2 à la boulangerie – On va à la boulangerie pour acheter du pain.
3 à la boucherie – On va à la boucherie pour acheter de la viande.
4 à l'épicerie – On va à l'épicerie pour acheter des fruits et des légumes.
5 à la gare – On va à la gare pour prendre le train.
6 au centre sportif – On va au centre sportif pour jouer au badminton.
7 à la bibliothèque / à la librairie – On va à la bibliothèque / à la librairie pour trouver un livre (à lire pendant les vacances).
8 au stade – On va au stade pour regarder/aller voir un match de foot.
9 à l'office de tourisme – On va à l'office de tourisme quand on a besoin de dépliants (sur la ville).
10 au commissariat de police – On va au commissariat de police pour déclarer un vol.

Test yourself (p. 44)

1 Vrai
2 Vrai
3 Faux – Gabriel trouvait la vie à Sigean *bruyante* → tranquille.
4 Faux – La sœur de Gabriel voulait sortir, mais à Sigean il n'y avait pas beaucoup de possibilités.
5 Vrai
6 Vrai
7 Faux – À Sigean, la famille de Gabriel prenait *l'autobus* → la voiture à Sigean.
8 Faux – Gabriel trouvait les habitants de Sigean *moins* → plus accueillants que ceux de Lyon.
9 Vrai
10 Faux – À Lyon, Gabriel habite *trop loin* → près d'un espace vert.

3B Shopping and money matters

Test yourself (p. 46)

1 de lait
2 du fromage / du camembert
3 à la boulangerie

4 des pains au chocolat
5 une petite épicerie
6 sa mère / maman
7 plus frais
8 à vélo

Test yourself (pp. 47–48)

Possible answers:
1 Quels magasins y a-t-il dans ton village ?
2 Qu'est-ce qu'on peut acheter au marché ?
3 Quelles bananes préférez-vous ?
4 Est-ce que je peux vous aider ?
5 Lequel ?
6 Que désirez-vous ?
7 Laquelle ?
8 Qu'est-ce qu'on va lui acheter ?
9 Quel cadeau vas-tu commander pour ta mère ?

3C Public services

Test yourself (p. 50)

Possible answers:
2 Combien y a-t-il sur mon compte ?
3 Où est le distributeur de billets automatique ?
4 Est-ce que je peux utiliser ma carte de crédit ?
5 Je voudrais envoyer ce colis. Cela coute combien ?
6 Je voudrais trois timbres pour envoyer des cartes postales en Angleterre.
7 Je vais envoyer ce colis en Espagne. Il va arriver quand ?
8 Est-ce que je peux acheter des timbres de collection ici ?

Test yourself (p. 51)

Possible answers:

	Objet(s) perdu(s)	Où	Quand
1	sac à dos, bleu	à la gare	ce matin vers dix heures
2	gants en cuir	au marché (peut-être)	hier
3	portable Samsung	devant le cinéma	il y a une demi-heure
4	deux clés (de la maison)	rue de la Poste	vers midi

3D Environmental issues

Test yourself (pp. 53–54)

1 d   2 a   3 i   4 g   5 b   6 f

Test yourself (p. 55)

Possible answers:
1 Je n'utilise pas trop d'eau et je mets mes déchets verts dans un composteur. C'est bien

pour les insectes et, plus tard, on peut utiliser le compost dans le jardin.

2 Quand je ne vais pas très loin, je prends le vélo, car c'est bon pour la santé et l'environnement. Mais quelquefois il faut prendre la voiture, surtout s'il fait mauvais.

3 Je pense que le recyclage est important. Tout le monde doit recycler le verre, le plastique, le carton et le papier au lieu de les jeter avec les ordures ménagères non recyclables.

4 Les sacs en plastique sont dangereux pour les animaux qui peuvent les manger et en mourir. De plus, le plastique ne se dégrade pas facilement.

5 Dans mon collège, on protège l'environnement en économisant l'eau et l'énergie. On n'allume pas la lumière quand il fait beau. Ensuite, on travaille beaucoup sur tablettes pour utiliser moins de papier.

6 Il faut encourager tout le monde à utiliser les transports en commun. Les conducteurs doivent respecter les limitations de vitesse et il devrait y avoir plus de zones pour les piétons.

7 Je protègerai mieux l'environnement en réutilisant autant de choses que possible. Je jetterai très peu de déchets. J'essaierai d'acheter des produits sans emballage.

8 Il y a un mois, j'ai fait une promenade en forêt avec ma famille. Nous avons piqueniqué sous les arbres et c'était très calme. Nous n'y avons pas laissé d'ordures !

9 Les parcs nationaux aident à protéger nos paysages et à conserver la nature dans son état pur. Les touristes peuvent visiter les parcs nationaux mais doivent respecter les zones sensibles.

3E Weather and climate

Test yourself (p. 57)

	🌧	🌡☀	🌨	🌫	☁	🌀➡	☀	🌡☁
1	✓							✓
2		✓			✓			
3			✓					✓
4						✓		✓
5	✓			✓				
6	✓			✓				

Test yourself (p. 58)

touristes, pays, saison, glaciers, ouverture, eau, été, agriculteurs

3F Everyday life in a French-speaking country

Test yourself (pp. 60–61)

1, 3, 6, 9, 11

Test yourself (p. 62)

1	La mienne...	6	La nôtre...
2	Le mien...	7	Les nôtres...
3	Les miens...	8	Le nôtre...
4	La mienne...	9	Les nôtres...
5	Le mien...	10	La nôtre...

3G Customs and festivals

Test yourself (p. 64)

1	la Suisse	5	la France
2	la Belgique	6	le Canada
3	la Côte d'Ivoire	7	le Maroc
4	l'Inde	8	la Chine

Test yourself (p. 65)

1, 3, 4, 7, 11

3H Travel and transport

Test yourself (p. 67)

Possible answers:

1 J'irai en avion parce que c'est très loin.
2 J'irai en voiture parce qu'il n'y a pas de transports en commun.
3 J'irai en train parce que c'est rapide et confortable.
4 J'irai en taxi parce que c'est moins cher que le parking.
5 J'irai en bateau parce que c'est plus agréable que l'avion.
6 J'irai en bus parce que je n'ai pas de voiture.
7 J'irai à pied parce que c'est bon pour la santé.

Test yourself (p. 68)

Possible answers:

1 Je préfère aller en ville à vélo parce que c'est gratuit et que cela m'aide à garder la forme.
2 Je préfère prendre le train parce que c'est plus confortable que l'avion et qu'on arrive moins souvent en retard.
3 Je n'aime pas les motos car elles font beaucoup de bruit et polluent l'environnement.
4 J'habite dans un village où il n'y a pas de transports en commun. Dans la ville la plus proche, on vient de construire un tramway.
5 Les transports en commun sont meilleurs pour l'environnement et quand il fait mauvais il est plus pratique de se déplacer en bus qu'en/à vélo.
6 Je viens de prendre le bus pour rentrer à la maison. C'était rapide, cependant il y avait trop de passagers et je n'ai pas trouvé de place assise.
7 Pour aller en Espagne, j'ai pris l'avion. J'ai dû attendu des heures à l'aéroport et j'étais très fatigué(e) quand je suis arrivé(e) à destination.
8 Je pense que j'aurai une voiture et que je l'utiliserai probablement pour aller au travail. Mais si je dois faire un long voyage je prendrai le train.
9 Je ne sais pas si un jour on pourra remplacer les voitures. D'abord, il faudrait améliorer les transports en commun.

4A Childhood

Test yourself (p. 71)

Possible answer:

Quand j'avais dix ans, je me levais vers sept heures et quart.

J'allais à l'école à pied, avec ma mère ou mon père.

J'apprenais l'histoire et le dessin, mais je n'apprenais pas la chimie.

Je jouais dehors quand il faisait beau.

Mon frère et moi, nous courions souvent dans le jardin.

Je regardais la télévision dans le salon, mais pas après huit heures.

Je lisais beaucoup d'histoires, surtout pendant les vacances.

Mon frère faisait toujours des bêtises. Moi, j'étais sage.

Ma mère me grondait quand je ne partageais pas mes bonbons.

La plupart du temps, j'étais plus calme que mon frère.

Test yourself (p. 72)

1 dans une petite ville ; en Belgique
2 dans un (petit) magasin

3 ses grands-parents ; Ils habitaient à la campagne.
4 Elle pouvait jouer dehors.
5 à un voisin
6 des vêtements ; des jouets
7 lire un livre ; aller à la bibliothèque / emprunter un livre à la bibliothèque
8 respecter l'heure (fixée)

4B School rules and pressures

Test yourself (pp. 74–75)

1 c	3 e	5 d	7 a
2 g	4 k	6 h	8 j

Test yourself (p. 75)

1 c	3 a	5 f
2 e	4 d	6 b

4C School trips, events, exchanges

Test yourself (p. 77)

Possible answers:

1 Pendant que nous attendions le car, j'ai parlé avec mes amis.
2 Quand nous étions sur l'autoroute, nous avons chanté.
3 Quand j'avais faim, j'ai mangé des sandwichs.
4 Pendant que le guide donnait des explications, j'ai écouté attentivement.
5 Pendant que le guide donnait des explications, le prof a payé la visite.
6 Quand nous avions une heure de libre, nous avons fait du shopping.
7 Quand c'était l'heure de rentrer, tout le monde est monté dans le car.
8 Pendant que le car était coincé dans un embouteillage, on a écouté de la musique.

Test yourself (p. 78)

1 né		6 répondu
2 passé		7 levée
3 arrivée		8 trouvé
4 entendue		9 décidé
5 trouvé		

4D The importance of sport

Test yourself (p. 80)

Sport préféré : le handball

Jour d'entrainement : le mercredi

Heure du début des matchs : 10 h 00

Raison pour laquelle Adèle n'a pas joué : malade

Projet pour l'année prochaine : participer au championnat régional

Avantage de la natation : piscine à côté de chez elle

Problème avec l'équitation : pas de cheval

Sport qu'Adèle n'aime pas: le foot

Sport qu'Adèle voudrait essayer: le basket

Test yourself (p. 81)

Possible answer:

La personnalité sportive que j'admire s'appelle [...]. Elle est née en France et elle a 33 ans. Son sport, c'est la natation. Elle nage depuis son enfance et elle a commencé à participer à des concours quand elle allait encore à l'école. Elle a développé sa carrière après avoir quitté l'université. Elle a gagné beaucoup de médailles. Je ne sais pas si elle a des projets, mais je sais que pour elle la famille est importante.

4E Accidents and injuries

Test yourself (p. 84)

Possible answer:

L'accident s'est passé hier soir, vers dix-sept heures trente.

Je jouais au hockey avec mon équipe.

Je suis tombé(e) en essayant d'attraper la balle.

Je me suis blessé(e) à la main gauche et à la jambe gauche.

Oui, ça fait très mal. Je ne peux pas marcher.

Test yourself (p. 85)

né, été, resté, commencé, décidé, participé, améliorée, remporté, devenu

4F The world of work

Test yourself (pp. 87–88)

Possible answers:
2 Je voudrais devenir commerçant(e) parce qu'on rencontre beaucoup de gens.
3 Le métier de chercheur/chercheuse m'intéresse parce que je veux travailler à l'étranger.
4 Je ne voudrais pas devenir professeur(e) parce que je n'ai pas beaucoup de patience.
5 Le métier d'ingénieur(e) ne m'intéresse pas parce que je ne veux pas faire de longues études.
6 Je voudrais devenir moniteur/monitrice de ski parce que j'adore être en plein air.

7 Le métier de photographe m'intéresse parce que c'est varié et que ce n'est pas trop stressant.
8 Je ne voudrais pas devenir vétérinaire parce qu'il faut faire de longues études.

Test yourself (p. 89)

1 médecin
2 sa mère
3 l'argent / le salaire / si c'est bien payé
4 ordinaire
5 il a joué dans un concert
6 des études supérieures
7 le conseil de sa conseillère d'orientation / étudier les sciences
8 à l'étranger
9 sa mère

4G Future plans

Test yourself (p. 92)

Possible answers:

	Choix de lycée	Avantage(s)	Inconvénient(s)
Ambre	lycée professionnel	veut/peut apprendre un métier rapidement	quel métier ?
Nolan	lycée général et technologique	peut choisir une carrière plus tard	faible en maths
Éléna	lycée professionnel	plus de travail pratique	plus dur d'aller à l'université

Test yourself (p. 93)

1, 4, 5, 10, 11

4H Work, volunteering, careers

Test yourself (pp. 95–96)

1 F – Joëlle va bientôt terminer son année sabbatique.
2 V
3 F – Joëlle a travaillé à Uzès.
4 F – En été il y avait beaucoup de touristes à Uzès.
5 V
6 F – Certains touristes étrangers ne parlaient pas bien le français.
7 V
8 F – Joëlle sera touriste à Uzès.

Test yourself (p. 97)

1	c	5	h
2	e	6	b
3	g	7	d
4	a	8	f

It is illegal to photocopy this page

4I Communication – by internet, phone, email, social media

Test yourself (p. 99)

1, 4, 7, 8, 10

Test yourself (p. 100)

1 Véronique dit qu'**elle fait** attention quand **elle va** en ligne.
2 Margot dit qu'**elle protège sa** vie privée sur Internet.
3 Oscar dit que **ses** parents ont peur des vols d'identité.
4 Mamadou dit qu'**il n'a** jamais communiqué avec un inconnu.
5 Carole dit que **son** père n'aime pas ça quand **elle se connecte** à des réseaux sociaux.
6 Léonie dit qu'**elle se sent** en danger quand **elle est** devant **son** écran.
7 Amjad dit que **ses** amis et **lui, ils aiment** les jeux électroniques.
8 Zach dit que **je passe** trop de temps en ligne.

4J Keeping informed – radio, newspapers, TV, online

Test yourself (p. 103)

Enzo A, Mélanie D, Yves E, Doria B, Hugo C

Test yourself (p. 104)

Possible answers :

Je m'intéresse à ce poste car j'aime me tenir au courant de ce qui se passe dans le monde.

J'ai fait un peu de journalisme quand j'écrivais des articles pour le journal de mon école.

Un bon journaliste doit être curieux et toujours vérifier ses sources.

Les inconvénients de ce métier sont qu'il est dur physiquement et que l'on travaille de longues heures.

Dans cinq ans, je voudrais être journaliste sportif à *France Football*.

Oui. Je voudrais savoir si je pourrai interviewer des célébrités quand je travaillerai pour vous.

Your turn

1A House and home (p. 107)

Possible answer:

J'habite dans un appartement au centre-ville. Nous avons un grand salon, une cuisine et trois chambres.

Ma chambre est moderne et confortable. J'ai une table où je fais mes devoirs. Dans ma chambre, j'écoute aussi de la musique.

Nous n'avons pas de garage. Ce n'est pas un problème car nous n'avons pas de voiture.

Demain, je vais manger avec ma famille dans la cuisine, et puis je me détendrai dans le salon.

1B School life and routine (p. 107)

Possible answers:
1 Les cours commencent à neuf heures moins le quart. Nous en avons cinq par jour.
2 Les salles de classe sont grandes mais un peu vieilles. La plupart sont au rez-de-chaussée.
3 J'aime mon collège parce que je m'entends bien avec les profs et les autres élèves.
4 L'année dernière je préférais les sciences parce que ce n'était pas trop facile. J'ai beaucoup appris.
5 Un bon professeur doit être patient et sympa. Il doit bien expliquer les choses et ses leçons doivent être intéressantes.
6 À l'avenir, les collèges utiliseront de plus en plus les nouvelles technologies et on ne se servira peut-être plus de papier.

1C Food and drink (pp. 107–08)

(a) G   (c) C   (e) B
(b) K   (d) F   (f) D

1D Common ailments and healthy lifestyles (p. 108)

(a) J   (c) D   (e) G
(b) H   (d) F   (f) L

1E Media – TV and film (p. 108)

Possible answer:

Je regarde la télévision le soir, après le dîner. J'ai un petit téléviseur dans ma chambre.

J'ai horreur des feuilletons parce que je les trouve ennuyeux, mais ma mère regarde tous les soirs des feuilletons dans le salon.

J'aime regarder des émissions sportives à la télévision. Mon sport préféré, c'est le foot – c'est génial !

Hier, je n'ai pas regardé la télé parce que j'avais trop de devoirs.

2A Relationships with family and friends (p. 109)

(a) N   (d) P
(b) P   (e) N
(c) P+N   (f) P+N

2B Daily routine and helping at home (p. 109)

Possible answers:
1. Je vois une femme et une jeune fille. Elles sont dans la cuisine.
2. Elle aide la jeune fille à faire la vaisselle.
3. Je pense qu'elles ont mangé et puis elles ont débarrassé la table.
4. Ça dépend. J'aime passer l'aspirateur mais j'ai horreur de ranger ma chambre.
5. Ce n'est pas juste si une seule personne fait toutes les tâches ménagères.

2C Hobbies and interests (p. 109)

Possible answer:

Le weekend, j'aime me reposer parce que je suis fatigué(e). Je lis un livre ou je regarde la télé.

Pendant les vacances, je sors avec mes copains. Nous allons en ville et nous faisons du shopping.

Je vais rarement au cinéma parce que ça coute cher, mais j'aime regarder des films à la maison.

Demain, je vais écouter de la musique et je jouerai peut-être de la guitare avec une copine.

2D Special occasions (p. 110)

(a) 12 juin
(b) 50
(c) château
(d) (vers) 19h
(e) oncle (de Caroline)
(f) voiture

2E Holidays (p. 110)

(a) A
(b) D
(c) B
(d) B
(e) D
(f) A

2F Tourist information and directions (p. 111)

Possible answer:
1. Je préfère les vacances actives. J'aime tous les sports, surtout le volley et le foot.
2. L'année dernière, j'ai joué au tennis et j'ai nagé dans la mer. Je me suis bien amusé(e).
3. À mon avis, c'est mieux de partir avec ma famille. C'est plus relaxant et je m'entends bien avec mes parents.
4. Je préfère visiter d'autres pays parce que je m'intéresse à des cultures différentes et que j'aime parler des langues étrangères.
5. Non, on peut s'amuser même si on n'a pas beaucoup d'argent. Par exemple, on peut faire du camping et des randonnées.
6. Dans dix ans, j'espère partir en vacances avec des amis. Nous louerons un appartement près de la mer et nous nous baignerons tous les jours.

3A Life in the town and rural life (p. 111)

(a) B
(b) A
(c) C
(d) B
(e) D
(f) C

3B Shopping and money matters (p. 112)

Possible answers:
1. faire les courses au supermarché
2. le samedi après-midi
3. au marché couvert
4. (il y avait) moins de monde
5. son père
6. elle n'a pas trouvé la confiture
7. comme cadeau d'anniversaire pour son frère
8. un (seul)
9. une brosse à dents
   des lunettes de soleil

3C Public services (p. 112)

Possible answer:

J'utilise rarement le téléphone fixe à la maison, mais j'utilise de temps en temps mon portable pour appeler mes amis ou mes parents. Samedi dernier, par exemple, j'ai téléphoné à un ami pour organiser un rendez-vous.

Je surfe tous les jours sur le web, comme tout le monde. Je fais mes achats en ligne et je télécharge de la musique. Je reçois des e-mails aussi, mais je préfère communiquer avec mes amis sur les réseaux sociaux.

À Noël, j'ai écrit une lettre à ma grand-mère. Elle aime bien recevoir et lire des lettres. Je lui ai expliqué mes projets pour l'année prochaine et je lui ai envoyé quelques photos.

Dans dix ans, on se servira encore plus de la technologie numérique. Je ne sais pas si le téléphone fixe existera toujours, mais les smartphones seront de plus en plus puissants. On écrira très rarement à la main.

3D Environmental issues (p. 113)

(a) B
(b) A
(c) K
(d) D
(e) G
(f) C

3E Weather and climate (p. 113)

Possible answers:
1. Je vois un lac, mais il y a très peu d'eau dedans. Le soleil brille assez fort.
2. Il regarde le lac. Il s'inquiète de la situation parce qu'il sait que l'eau est précieuse.
3. Dans beaucoup de régions, il fait de plus en plus chaud et il ne pleut pas assez.

4   Il y aura de plus en plus de sècheresses, mais dans certains pays les inondations seront plus nombreuses.

5   Il faut réduire l'activité industrielle et le transport routier. Nous devons utiliser l'énergie renouvelable.

3F Everyday life in a French-speaking country (p. 114)

(a) (deux) tantes
(b) climat / chaleur
(c) Pâques
(d) ski nautique
(e) 7 000 km
(f) pas beaucoup de travail/d'emplois

3G Customs and festivals (p. 114)

Possible answer:

Je trouve la fête de Noël très intéressante. Le 25 décembre est un jour férié en France, comme dans beaucoup de pays, et c'est une occasion pour tout le monde de se réunir en famille et de s'amuser.

L'année dernière, ma famille et moi, nous sommes allés à l'église et puis nous avons passé l'après-midi à nous relaxer à la maison avec des amis. Ma grand-mère est aussi venue nous voir.

Un jour je voudrais visiter le Kenya. Je m'intéresse aux animaux sauvages et je rêve de faire un safari. Mais cela coutera cher, donc je vais faire des économies.

À mon avis, les différences entre les pays sont très importantes. Il faut les préserver. C'est bien de se dépayser dans un endroit qu'on ne connait pas. Il est dommage de voir les mêmes magasins partout.

3H Travel and transport (p. 114)

A Alexis, Laura	E –
B –	F Pauline, Alexis
C Laura	G Pauline, Laura
D Pauline	

4A Childhood (p. 115)

Possible answers:
1   Je vois quatre enfants et une institutrice. Nous sommes peut-être dans une école maternelle.
2   Il pose une question à l'institutrice. Je pense qu'elle ne connait pas la réponse.
3   Les enfants vont bientôt rentrer déjeuner à la maison. Ils vont dire « au revoir » à l'institutrice.
4   Moi aussi, j'aimais jouer avec des jouets. Mais je passais beaucoup de temps dehors – je jouais au ballon et grimpais aux arbres.
5   Maintenant, je ne joue plus avec mes jouets. Je préfère jouer à des jeux en ligne et je fais partie d'une équipe de foot.

4B School rules and pressures (p. 115)

(a) présent   (c) passé   (e) futur
(b) passé   (d) présent   (f) passé

4C School trips, events, exchanges (p. 115)

Possible answer:

Mes copains et moi, nous avons fait un voyage scolaire à Paris. Nous y sommes allés pendant les vacances de printemps.

À Paris, nous avons visité beaucoup de monuments. La tour Eiffel était impressionnante.

Il pleuvait un peu quand j'ai pris des photos, mais ce n'était pas grave. Nous nous sommes bien amusés.

Je voudrais retourner à Paris car c'est une ville magnifique. La prochaine fois, j'espère y aller avec ma famille.

4D The importance of sport (p. 116)

(a) C   (c) A   (e) B
(b) C   (d) D   (f) B

4E Accidents and injuries (p. 116)

(a) foot
(b) bras (droit) ; jambe (droite)
(c) 12 h 15
(d) prendre des comprimés ; rester à la maison (pendant deux jours)

4F The world of work (p. 117)

Possible answer:

Ma mère est pharmacienne. Elle travaille dans un hôpital depuis dix ans. Son métier lui plait bien car c'est moins stressant que travailler comme médecin. Avant de devenir pharmacienne elle a fait des études scientifiques.

Moi, je suis faible en sciences, donc le métier de pharmacien(ne) n'est pas pour moi. Mais je connais plusieurs pharmaciens qui disent que c'est un métier stable et assez bien payé. Et c'est bien de travailler dans un hôpital où on peut aider les malades.

Si possible, je voudrais travailler à l'étranger pour une société internationale. Je m'intéresse au commerce et j'aime beaucoup travailler en équipe. J'espère aussi découvrir une culture différente.

Mon père m'a conseillé de devenir professeur, mais cela ne m'intéresse pas du tout. Je ne suis ni calme ni patient(e) et je préférerais travailler avec des adultes. Ma grand-mère était prof et elle trouvait le travail trop dur.

4G Future plans (p. 117)

Possible answers:
1 Oui, j'espère faire des études supérieures. Cela me permettra de choisir un bon métier.
2 On peut commencer à travailler pour gagner de l'argent. On peut aussi faire du bénévolat avant de trouver un emploi.
3 Mes parents m'ont conseillé de continuer mes études au lycée. Je pense que c'est la meilleure chose à faire.
4 C'est une bonne occasion de voyager et de découvrir des cultures différentes. Mais cela peut couter cher.
5 Oui, un jour je voudrais travailler à l'étranger, peut-être dans un pays francophone car ce serait bien d'utiliser mon français.
6 Dans vingt ans, j'espère avoir un emploi stable. J'aurai peut-être des enfants, mais avant tout je voudrais être heureux/heureuse.

4H Work, volunteering, careers (p. 117)

(a) B   (c) D   (e) C
(b) B   (d) A   (f) C

4I Communication – by internet, phone, email, social media (p. 118)

(a) facile
(b) trop de temps sur le smartphone
(c) tablette
(d) pratique ; gratuit
(e) (trop de) publicité
(f) vol d'identité ; harcèlement
(g) ne pas partager les données personnelles ; changer régulièrement ses mots de passe

4J Keeping informed – radio, newspapers, TV, online (p. 118)

(a) existait
(b) achetaient
(c) tous
(d) lisent
(e) ont
(f) coute
(g) facile
(h) essentielles
(i) traditionnels
(j) passer

Pearson Edexcel International GCSE French Study and Revision Guide

History Is DELICIOUS

Written by Joshua Lurie
Drawn by Laura Foy

First published 2021.

HONEST HISTORY CO.
PO Box 451973
Los Angeles, CA 90045
@honesthistory

DESIGN
Studio Mala

EDITOR
Theresa Kay

10 9 8 7 6 5 4 3 2 1
ISBN 978 1 7361919 0 3

Printed in China.

AUTHOR'S ACKNOWLEDGMENTS
Thanks to my wonderful wife, Stacey Sun, who inspires and pushes me daily, along with our daughters Imogen and Finley. Thanks to my father, who spurred my initial interest in food. Thank you, Khuong Phan, who recommended me to Honest History publishers Brooke and David Knight. Also, thanks to all of the chefs who have contributed to the world's culinary fabric, and to writers throughout history who have documented the food they've experienced. Their efforts have helped us better understand and build culture. Every dish tells at least one story.

ABOUT THE AUTHOR
Joshua Lurie is a renowned food journalist living in Los Angeles where he founded Food GPS in 2005 and continues to showcase the best food and drink, regardless of price or cuisine, while sharing stories of people behind the flavor. He developed his love for great food and culture while taking family trips into Manhattan and by driving cross-country during college breaks. He has contributed articles to publications like *The New York Times*, *The Los Angeles Times*, *Variety*, and *The Hollywood Reporter*.

TABLE OF CONTENTS

INTRODUCTION

People eat differently across the world, with rituals and etiquette that would be hard to imagine anywhere else. Chefs tap into local traditions and native ingredients to cook food with deep connections to past generations and to the surrounding land and waters. It's only when we look beyond chain restaurants that could exist anywhere on Earth that we find food with a true sense of place that says something about who we are.

When we learn about other cultures and countries, it becomes easier to see how people have things in common. We're connected through migration patterns and trade routes, along with historical factors such as colonization that have not always

been positive. Against all odds, here we are, and it's important to know how we got here. Food is a big part of people's stories in the world. It's important to understand that no single cuisine is better than another. Personal preference is normally just a matter of familiarity, family tradition, context, and perspective.

Food isn't frozen in time; instead, it constantly evolves. Exchanging information has led to innovation and remarkable cultural changes, including food. People from just 100 years ago wouldn't recognize many dishes we love today. Change always occurred, and the internet and social media have only accelerated global food innovation and transformation. Recipes, photos, and reviews pass before our eyes daily.

Just think of a dish like Nashville hot chicken. People see pictures and read stories and posts and suddenly a beloved regional dish is readily available in cities such as Los Angeles and Dallas, even if new versions look and taste different from the original.

Foods are quickly becoming more similar at the same time that restaurants offering traditional local foods are decreasing. It's become increasingly important to celebrate unique dishes and food cultures to appreciate history on a plate. The stories of these dishes are also rooted in the hands and minds of people from every corner of the globe who built, and continue to build, food culture. These dishes are also delicious.

When I was growing up just outside of New York City in New Jersey, I had such a limited understanding of the world. In that pre-internet era, information was harder to find, though I wouldn't have known what to look for back then. I didn't know that dozens of different cuisines I now love were available just through the Holland Tunnel. It wasn't until I finished college that I learned about foods such as kebabs, Korean barbecue, and sushi. I wonder how my life

would have been different. This is the book I wish I had when I was your age to help me know what else is possible.

Hopefully you'll discover dishes in this book that you can then find and enjoy in local restaurants, make at home, or seek when you travel to other countries. The dishes we feature in this book are building blocks to help you better understand food culture. Please apply lessons from these pages to your plates.

Americas

TABLE SETTINGS AROUND THE WORLD

Going back millennia, everybody ate with their hands. Fingers still come in handy, but cultures around the world have developed specific needs and eat accordingly. For example, in West African countries such as Ghana and Nigeria, people tear off chunks of fufu (pounded cassava) and form balls with right hands to scoop up stews. In northern Thailand, people roll sticky rice balls with right hands and scoop up dishes like laab (Lao style ground meat salad) or nam prik (chile dips). Eating ingenuity knows no bounds.

UNITED STATES, EUROPE, AUSTRALIA, ETC.
Fork, Knife, and Spoon

Spoons have been used for centuries in countless cultures. Forks and knives first became popular utensils at European tables before taking off around the world.

FRANCE, UNITED STATES, ETC.
Fine Dining

Fine dining meals tell stories through food. In France and at French-inspired restaurants, tasting menus meals can span more than 10 courses, not including bread and butter and tiny savory and sweet tastes—amuse bouches, intermezzos, and mignardises—that are served between courses or with the bill. Traditionally French table settings consist of widespread utensils and vessels. Modern table settings aren't always elaborate when diners sit down at their tables. Instead, restaurants provide the proper utensils, plates, bowls, and glasses with each new course.

VARIOUS PARTS OF ASIA
Chopsticks and Spoon
China invented chopsticks long before the Common Era, and they're now the default utensils across Asia, along with spoons. In countries like Indonesia and Malaysia, people hold a spoon in their right hand and fork in their left hand to push food onto the spoon and into the mouth. Chopsticks are reserved for noodles.

ETHIOPIA
Injera
Various meat and vegetable dishes arrive on injera, a thin, fermented pancake made using a grain called teff that's slightly sour. Injera blankets the plate and extra injera comes on the side. Tear some off to grab food, eat, and repeat.

Mexico

Pre-Columbian refers to the time before Christopher Columbus arrived in the "New World" in 1492. At that pivotal moment, native populations already had thriving civilizations and rich culinary traditions rooted in corn and indigenous ingredients (page 18) such as avocado, beans, chiles, chocolate, tomatoes, and turkey, which all found their way to Europe after Spain arrived. Spaniards brought important crops like wheat, farm animals like cows, sheep, and pigs, and grapes (for wine). In horrific fashion, Spanish conquistadors (conquerors) such as Hernán Cortés also brought disease and slaughtered countless indigenous people, most notably the Aztecs, the dominant power at the time, who were based in Tenochtitlán (now part of Mexico City). Lebanese immigrants have also contributed to Mexican cuisine since the late 19th century, influencing dishes like kibi (a Yucatán play on kibbeh) and tacos Árabes, a precursor to tacos al pastor initially made with lamb (and later pork) and served on pita-like pan Árabe in Puebla. Due to all of these factors and more, Mexican cuisine remains a dynamic, vibrant cuisine that varies greatly across the country's 31 states (plus Mexico City).

Corn Tortillas and Nixtamalization

Corn is naturally hard to digest, but nixtamalization makes the grain palatable and nutritious. The ancient process traditionally boiled dried kernels with wood ash, an alkaline lye solution that helped to break down the cellulose while adding niacin and potassium to the body. Simply adding lime (calcium hydroxide) is the current, more modern method. Grinding the treated grains results in masa, transformed cornmeal that can be used to make tortillas, tamales, and other staple dishes in the Mexican diet. Northern Mexican states also eat flour tortillas made with wheat that Spaniards imported in the 16th century.

5 POPULAR TACO STYLES

Al Pastor Tacos

Mexico City–style marinated pork is often stained bright orange with achiote, shaved from a trompo (spit), and frequently topped with shaved pineapple that roasts atop the pork. In 1959, El Huequito was probably the first place to serve tacos al pastor as we know them on corn tortillas, though they don't use achiote or pineapple. People eat tacos al pastor on griddled corn tortillas with salsa, chopped cilantro, and onion.

Baja Style Fried Fish Tacos

World-famous battered and deep-fried fish tacos originated in either Ensenada or San Felipe in Mexico's northern Baja California peninsula in the 1950s. Vendors traditionally used either cazón (dogfish) or angelito (angel shark), but now the fish varies. Crispy fish fillets join shredded raw cabbage, cooling crema, pico de gallo, salsa, and a lime squeeze on a corn tortilla.

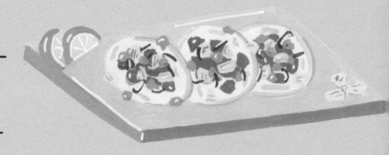

Cochinita Pibil

This Yucatán style pork dish, translated from Spanish and Yucatec Mayan words, means pit-roasted suckling pig, which was how cochinita pibil traditionally cooked. These days, the pig is more likely to slow-cook above ground. Meat marinates with achiote paste, bitter Seville orange juice, and garlic before getting wrapped with banana leaves and cooked. Top the bright orange pulled pork with pickled red onions and spicy habanero salsa on corn tortillas.

Guisados

Assorted stews are available in cazuelas (clay pots) to serve on corn tortillas at stands across Mexico City and beyond. This edible tabletop rainbow could include bistec con nopales (beef with cactus paddles), costillas de puerco (pork ribs) in salsa, and chicharron prensado (pressed pork skin) nestled with rice in tortillas. Guisados possibilities are endless.

Tacos de Canasta

These tacos are popular in Mexico City and likely debuted east of the capital in Tlaxcala. They're cooked offsite and steam in insulated canastas (baskets) or boxes on the way to each stand. Assorted corn tortilla fillings could include frijoles refritos (refried beans), mole verde (green mole with pork), and papas con huevo (potatoes with egg).

5 OTHER MUST-TRY DISHES

Barbacoa

It's typically lamb that cooks in an underground pit wrapped with pencas de maguey (agave leaves), though other meats like beef and goat have also been known to roast. Traditions vary between central Mexican states including Hidalgo, Puebla, Tlaxcala, and Estado de Mexico. Barbacoa fills tacos and is often available with consommé (spiced lamb broth with chickpeas) and roasted pancita (lamb stomach stuffed with chile-rubbed organ meats).

Birria

Goat powered the original birria in the state of Jalisco, though the slow-cooked tradition spread to states like Zacatecas and Michoacán and now includes alternative proteins such as beef, lamb, rabbit, and ram. Birria stews with chiles, herbs, and spices in pits, ovens, or on stovetops before appearing in bowls or on plates. Build tacos with chopped onions, cilantro, lime juice, and salsa. Birria often comes with consommé (flavorful broth).

Mole

Calling mole a sauce doesn't do it justice. This labor-intensive, slow-simmered dish can take days to produce and typically blends chiles, fruits, nuts, seeds, and spices, though recipes often call for chocolate and herbs. Popular varieties include mole Poblano (from Puebla), mole verde (green mole), mole amarillo (yellow mole), and Manchamanteles ("tablecloth stainer"). Chefs plate with proteins including chicken, pork, and turkey, which are secondary to the mole. Oaxaca and Puebla are hotbeds for mole, though other southern Mexican states have their own traditions.

Tamales

Masa steams, grills, roasts, or boils with assorted fillings inside either banana leaves, corn husks, or avocado leaves. Regional differences dictate size and additional ingredients, which can be either savory or sweet. Beef, chicken, pork, fish, fruit, and shrimp fillings are all beloved, depending on the time and place. Tamales have been eaten in Mesoamerica, which spans from central Mexico to Central America, since at least 5000 BC. Civilizations including the Aztecs, Mayans, Olmecs, and Toltecs connected tamales with religion, rituals, and celebrations. In Mexico, families still come together to make tamales for holidays like Christmas, Día De Los Muertos (Day of the Dead), and New Year's.

Chile en Nogada

Mexico has many chiles rellenos (stuffed chiles), but this seasonal specialty stands out. In 1821, Santa Mónica Convent nuns supposedly created this dish for military general Agustín de Iturbide, who recently helped Mexico gain independence from Spain and visited Puebla. Evidence suggests the labor-intensive recipe may have been older. Either way, chile en nogada became a patriotic food. The nuns would have stuffed Poblano peppers with picadillo: ground meat mixed with spices and fruits like the Criollo peach, Panochera apple, and pera lechera (milky pear). The dish features colors from the Mexican flag: red (pomegranate seeds), white (walnut cream sauce), and green (the pepper and a parsley garnish).

Brazil

Portuguese conquerors arrived in Brazil in 1500, if not earlier, and enlisted native tribespeople to harvest valuable Pau Brasil trees. Portugal later turned to African slaves to farm crops such as coffee and sugar and to mine gold and gems. Princess Isabel ended slavery in 1888 by passing the Lei Áurea (Golden Law). The following year, a military coup forced Princess Isabel and her husband Pedro II into exile in France. This wasn't the last military coup that's shaken Brazil's turbulent government. Because of this instability and change, Brazil's food is fueled by a mixture of native, African, and Portuguese influences, along with the impact of its proximity to the Amazon River and surrounding rainforest and the Atlantic Ocean. Ingredients like cassava (root and flour), dendê oil (pressed from palm seeds that originated in West Africa), and camarao seco (dried prawns) remain influential in Brazil's hard-fought culinary fusion.

Feijoada

This hearty meat and feijão (bean) stew is Brazil's national dish, loaded with assorted beef and pork cuts, plus linguiça (spiced pork sausage) and carne seca (dried, salted beef). Feijoada often comes with steamed white rice, sautéed collard greens, orange slices, and gritty farofa (toasted cassava flour). Portuguese found inspiration for this dish from their cozido, a meat and vegetable stew that incorporated black beans and other native ingredients in Brazil.

4 OTHER MUST-TRY DISHES

Moqueca

These seafood stews from either Bahia or Espiritu Santo cook in black clay pots coated with red mangrove tree sap. Seafood might involve fish, lobster, shellfish, or cephalopods (often octopus or squid) marinated with lemon or lime juice and garlic before stewing. Bahia's moquecas are sweeter, made with coconut milk and dendê oil. Espiritu Santo's moquecas are spicier, cooked with tomatoes, cilantro, onions, and olive oil. Gelatinous pirão (fish head stock thickened with farinha) is a frequent accompaniment, along with more farinha (cassava flour), white rice enriched with coconut milk, and malagueta peppers marinated in olive oil. Portuguese colonizers brought the Indian dish pokeka to Brazil and it evolved using local and African ingredients.

Pastels

These savory deep-fried snacks have flaky, bubble-pocked coats. Popular fillings include ground beef, melted cheese, pulled chicken with creamy catupiry cheese, and hearts of palm. The origin is disputed, with some food historians crediting Chinese immigrants for riffing on spring rolls, though the texture resembles fried wonton skins. Other people credit Japanese immigrants for adapting gyoza (pan-fried dumplings). Regardless, it seems clear that Japanese immigrants popularized pastels starting in São Paulo in the 1940s.

Acarajé

This black-eyed pea fritter is a popular street food in Bahia, a coastal state in northeastern Brazil. The name translates from Portuguese as to "eat a ball of fire." Female Afro-Brazilian vendors fry acarajé in dendê oil, slice them open and add dried shrimp, chunky tomato and onion salad, fiery Malagueta pepper sauce, and vatapá, a savory condiment made with coconut milk, shrimp, dendê oil, breadcrumbs, and sometimes peanuts; and carurú, funky stewed okra, onions, shrimp, dendê oil, and cashews. Nigerian slaves brought akara over with them from Africa and adapted this dish to Brazil.

Churrasco

Gauchos (South American cowboys) in southern Brazil and neighboring Argentina and Uruguay inspired these meat grilling traditions. Churrascarias feature cuts such as picanha (garlicky sirloin cap), frango com bacon (bacon-wrapped chicken breast), and cordeiro (lamb). Roving servers dressed like gauchos shave meats right onto plates. This all-you-can-eat style of service is called rodízio (rotation).

PERU

This country on South America's west coast borders the Pacific Ocean, Andes Mountains, and Amazon River, a place in the world that informs truly unique culinary traditions. The Andes, home to the legendary Inca civilization and Machu Picchu, also provided the world with indigenous American ingredients such as beans, chiles, potatoes, and tomatoes (learn more on page 18). In more recent years, Asian immigrants to Peru have also created an influential fusion. Chinese immigrants first arrived in 1849 for manual labor, and their Chifa (Chinese-Peruvian) cuisine added ingredients like ginger, scallions, and soy sauce, plus woks, to kitchens. Japanese boats landed in Peru starting in 1899, launching Nikkei (Japanese-Peruvian) cuisine. The land is historic, but Peruvian cuisine continues to evolve.

Ceviche

Peru is widely considered ceviche's birthplace. Ceviche probably originated with the Moche, a coastal civilization that lived in northern Peru up to 2,000 years ago. They used acidic banana passionfruit juice to cure their raw fish. Later, Incas used chicha (fermented corn drink). Historians suspect that ceviche as we know it didn't debut until Francisco Pizarro and Spanish colonizers arrived in 1526, bringing limes with them. These preparations typically come with choclo (hominy-like corn), sweet potato, crunchy cancha (corn nuts), and red onion shavings. It's also popular to drink small glasses of residual marinade, leche de tigre (tiger's milk), a mix of lime juice, chiles, onions, pepper, salt, and fish juices. June 28 is National Ceviche Day.

3 OTHER MUST-TRY DISHES

Pollo a la Brasa

Swiss immigrant and chicken farmer Roger Schuler marinated his overabundant birds in salmuera (salt brine) and grilled them over algarrobo tree coals in Lima's Chaclacayo district. In 1950, he partnered with Franz Ulrich on a restaurant called Granja Azul (still open), where Ulrich created the rotombo (multi-rod rotisserie oven), and they added spices including huacatay (Peruvian black mint), ají panca (Peruvian red pepper), and rosemary to their marinade. People grew to enjoy this chicken preparation so much that July's third Sunday is always Pollo a la Brasa Day.

Lomo Saltado

This may be Peru's most popular Chifa dish, featuring stir-fried beef with potatoes, tomatoes, peppers, onions, soy sauce, and oyster sauce. When the dish debuted in the 19th century as lomito de vaca, beef was simply plated with potato, and the dish has evolved.

Anticuchos

When butchered and prepared properly, anticuchos de corazón (heart skewers) can be juicy and delicious. Beef hearts are popular from carretillas (street carts), marinated with ingredients like chiles, cumin, and garlic, grilled over charcoal, and served with choclo and potatoes. Peruvians originally enjoyed llama, which is plentiful, but beef became more common after Spanish conquerors brought cattle to the Americas. Peru designated October's third Sunday as Día del Anticucho.

Indigenous American Ingredients

Some ingredients are so widespread or have become so associated with certain cuisines that we don't question where they started. Tomatoes may seem Italian, but that wasn't always the case. Chiles are popular in India and Thailand and actually originated across the Pacific Ocean. Belgians are famous for their skill with chocolate, but they have another continent to thank for this wondrous creation. Culinary history isn't always how it now appears.

Avocado

This creamy green fruit with a large seed has grown in central Mexico for millennia. Spanish conquerors brought avocados to Europe in the 16th century. More than 500 different varieties with a range of shapes, colors, and textures still exist, including some avocados with edible skin. Anyone hungry for guacamole?

Beans

South America's Andes Mountains, which includes countries like Bolivia, Ecuador, and Peru, have grown globally influential crops for thousands of years. Varieties such as Lima beans, shell beans, and snap beans all originated in the Andes. Runner beans and tepary beans are primarily native to Mexico. Spanish conquerors brought beans to Europe.

Chiles

The oldest evidence of chile pepper use dates 8,000 years ago in South America. Native civilizations raised chiles in the Andes Mountains and they spread throughout the Americas, crossing Central America to the Aztecs in Mexico, which is where Spanish conquerors first encountered this collection of spicy, colorful pods. Once they brought chiles back to Europe in the 16th century, it wasn't long before the chiles reached places like India and China, where they remain essential ingredients in particular regions.

Chocolate

Chocolate comes from cacao pods that grow in tropical climates. Native Mexican and Central American civilizations such as the Aztecs, Mayans, and

Toltecs enjoyed drinking spiced chocolate beverages for centuries before Spanish conquerors including Hernán Cortés arrived in the Americas. Once European aristocracy first experienced chocolate in the 16th century, the sweet beverage became popular and eventually led to other beloved forms, which can get quite artistic and luxurious.

Corn

Kernels from this plant, which native Mexican civilizations first cultivated thousands of years ago, have been invaluable in feeding people and

animals worldwide. See corn tortillas and nixtamalization (page 11) to see corn's impact. Spanish conquerors brought corn back to Europe, where it found new uses.

Potatoes

Dozens of different varieties, representing nearly every color in the rainbow, still grow where potatoes originated in the Andes Mountains. Anybody who's ever eaten a French fry can thank the Incas, who first grew potatoes as a crop. Spanish conquerors brought the tubers back to Europe, where they spread enormously in popularity.

Tomatoes

This plant also originated in the Andes Mountains. Spanish colonizers brought the tomato to Europe, where people were afraid to eat it at first given similarities to other types of nightshade that were known to be toxic. The "poison apple" has become beloved in sauces, soups, stews, and many other preparations.

Turkey

Two turkey species are native to North America: the wild turkey that was found as far north as Canada and the smaller ocellated turkey that roamed Central America and southern Mexico. Spanish colonizers first encountered turkeys in Mexico and brought them back to Europe in the early 16th century. In the United States, turkeys have become synonymous with Thanksgiving, a holiday that President Abraham Lincoln announced in 1863 and that President Franklin Roosevelt named a national holiday in 1941. Most Americans eat broad-breasted white turkeys, though farmers raise dozens of different heritage breeds.

Corn Tortilla

A Recipe by Petra Zavaleta
Barbakush, LOS ANGELES

Petra Zavaleta was born and raised in Puebla, Mexico. As a young girl she would help her family of farm workers. Corn was the main harvest on her family's farm, and from this harvest they would trade or sell the corn. The corn that wasn't sold was used to make tortillas for the family. That's when Petra was taught the art of making tortillas. Learn how Petra makes her tortillas.

Ingredients

1 lb masa (corn dough)
½ cup water

Preparation

Get a big mixing bowl, and put the masa inside the bowl. Gently add the ½ cup of water in the bowl to the masa. Then roll up your sleeves and mix it by hand for 2–4 minutes. This is going to thin out the masa, making it easier to manage.

Let the mixture set for another 2–4 minutes. While waiting, take advantage of the break and turn on your stove to medium heat and then place your comal (a smooth, flat griddle) on it. Let the stovetop heat up your comal for another 2–4 minutes.

While that is happening, grab your tortilla press, lined with 2 parchment papers (approximately 12x12 inches). Keep in mind that the masa goes in between the paper sheets. (If you don't have parchment paper, you can use a plastic bag cut into 2 equal pieces.) Put your supplies close to your comal to make things easier.

Start by grabbing enough masa to roll into a golf-sized ball. Then place your masa ball onto the tortilla press (lined with parchment paper), and gently press down on the handle, creating enough pressure for the masa to flatten into a circle. Open the press and carefully remove the round, flat masa and place on the comal. Let it cook for about 1 minute, then flip to the other side for another minute. The tortilla should puff up, and once this happens, ta-da! You have successfully made your own tortilla.

EUROPE

DINING

DO's

AND

DON'Ts

Some dining practices are obvious to locals and yet might surprise readers. Learn 12 lessons about culturally appropriate dining behavior when traveling overseas.

BELGIUM

Restaurants provide no free tap or table water. Diners are expected to pay for bottles. The European Union doesn't require restaurants in any member nations to offer tap water.

COSTA RICA

Never ask your waiter to pack leftovers. Doggie bags are also considered inappropriate in Australia.

DENMARK

People frown upon taking the last bite from a communal dish. This is part of samfundssind, which translates to English as "society mind" and describes a community spirit. In Germany, they call a courtesy like this höflichkeitsgeste.

ENGLAND
Don't request substitutions or modifications. Chefs may get offended.

GREECE
Waitstaff won't bring the check unless you ask for it. They're happy to have guests linger. This is common in other European countries as well.

HONG KONG
Casual restaurants don't supply napkins. Bring your own napkins or tissue packets.

ISRAEL
Nobody waits for the entire table to get food. Eat as soon as plates arrive, so the food doesn't get cold.

JAPAN
Sushi has many unwritten rules. Never mix wasabi into soy sauce. Don't dip rice in soy sauce, just seafood, and only when directed. Risk offending the chef in both cases. Also, never separate neta (seafood) from shari (sushi rice) for nigiri. They're meant to be eaten together.

KOREA
You're not supposed to start eating before your elders. Always serve elders first and never pour your own drink. Pour other people's drinks first and the youngest diners will pour yours.

MEXICO
Don't ask to split the bill. The person who invited other people is expected to pay.

SWITZERLAND
Bread on the table isn't free. This is also true in European countries such as Germany and Italy.

TAIWAN
It's considered rude and unsanitary to use your chopsticks to get food from a communal dish. Instead, use serving chopsticks or ladles.

FRANCE

Marie-Antoine Carême

AUGUSTE ESCOFFIER
Le GUIDE CULINAIRE

French cuisine is revered worldwide for both flavor and flair. Three people made particularly large impacts in shaping the country's cooking traditions: Marie-Antoine Carême, Auguste Escoffier, and Paul Bocuse. Julia Child and Jacques Pépin did more to popularize French food in the United States, but these are the most influential titans in France.

Many food historians consider MARIE-ANTOINE CARÊME (1783 or 1784–1833) to be the first celebrity chef. His parents abandoned him after the French revolution before he turned 10, but he overcame that trauma to work at Sylvain Bailly's popular Paris pâtisserie. He created elaborate pastry structures based on historic buildings for window displays that drew the attention of diplomat Charles Maurice de Talleyrand-Périgord. Carême became Talleyrand's personal chef and cooked for royalty and nobility across Europe, earning the nickname "cook of kings." He baked the wedding cake for Napoleon Bonaparte and Marie-Louise of Austria and cooked for England's George IV and Russia's Tsar Alexander I.

Carême created "haute cuisine," combining food and art in elaborate feasts that often topped 100 dishes. He created four versatile French "mother sauces": béchamel, velouté, Espagnole, and Allemande. He's also credited with the soufflé and the chef's uniform: white coat and toque. Carême also wrote several influential cookbooks.

AUGUSTE ESCOFFIER (1846–1935) built on Carême's legacy. He was born near Nice. After the Franco-Prussian War, where he was a Prussian prisoner (and cooked for his comrades), he opened Le Faisan Doré in Cannes. He met hotelier and partner César Ritz while splitting time between The Grand Hotel in Monte Carlo and Hotel National in Lucerne, Switzerland. They teamed up at London's legendary Savoy Hotel, welcoming the Prince of Wales and celebrity clientele.

To increase efficiency, volume, and cleanliness, Escoffier created la brigade de cuisine (kitchen brigade), a chain of command that's still in use where cooks handle particular tasks, based on his time in the military, including Saucier (sauce chef), Grillardin (grill chef), and Pâtissier (pastry chef).

Escoffier further streamlined and systematized "haute cuisine" in restaurants and famous cookbooks such as *Le Guide Culinaire*. Innovations included Hollandaise sauce (made with egg yolk and melted butter) and many dishes named for events and people, including Cherries Jubilee and Peach Melba. At London's Carlton Hotel, he also installed an "a la carte" (by the card) menu that allowed diners to order individual dishes rather than a set, multi-course tasting menu, an upgrade his brigade enabled.

Lyon legend PAUL BOCUSE (1926–2018) apprenticed with famed chef Fernand Point at La Pyramide in Vienne before taking over his family's restaurant, L'Auberge du Pont de Collonges. He earned three Michelin stars by 1965, the highest accolade in France and many other countries, but he was still open to new ideas when he took a trip that year to Japan, which forever changed his perspective. At that time, French chefs were more focused on mastering traditional techniques and dishes. Bocuse and contemporaries including Jean-Pierre Haeberlin, Louis Outhier, and Michel Guérard led the "nouvelle cuisine" movement, learning fundamentals before breaking the rules. They developed more personal and innovative cooking styles that incorporated regional ingredients and global influences based on travels. They also shifted from formal tableside service, presenting proteins like chicken and rack of lamb on platters before carving tableside, shifting to individual plating done in the kitchen.

Paul Bocuse's legacy includes famous protégés like Daniel Boulud and Jean-Georges Vongerichten. In 1987, he also launched Bocuse d'Or, a prestigious cooking competition. Every two years, 24 countries compete in Lyon for global bragging rights.

3 OTHER MUST-TRY DISHES

Bouillabaisse

Fishers in the Mediterranean port town Marseille supposedly created this Provençal seafood stew. Fish and shellfish vary, but clams, mussels, dorade, and rouget are popular. The stew comes with rouille (garlic pepper paste) on toast.

Cassoulet

This slow-cooked meat and bean casserole from Languedoc in the southwest cooks in a clay cassole. Traditional versions include duck confit, pork sausage, lamb, and game birds such as partridge and quail.

Coq au Vin

In this comforting Burgundy classic, older rooster braises in red wine with carrots, mushrooms, and onions until the meat becomes tender.

ITALY

The historic seat of the Roman Empire wasn't fully united as Italy until 1870 when the Risorgimento (resurgence) added Rome, completing a nation that already welcomed regions including Venetia in the north, Tuscany to the west, and the Kingdom of the Two Sicilies down south. Even though Italy is relatively new, regional culinary cultures run deep. Italy was home to legendary merchant Marco Polo, who traveled the Silk Road trade routes to Asia many times from Venice in the late 13th century, making a lasting impact on the cuisine's flavor and imagination. The country also produces artisan products like sharp Parmigiano-Reggiano cheese, silky prosciutto di Parma, the spicy spreadable Calabrian sausage nduja, and creamy buffalo milk mozzarella cheese from Campania.

Italy is also famous for more than 350 different pasta shapes produced fatto a mano (handmade) using a mattarello (long wooden rolling pin) and cavarola (pasta board) or extruded through brass and steel dies using mechanical methods. A different pasta every day of the year? Italy can help.

PIZZA MARGHERITA

When Italy's King Umberto I and Queen Margherita of Savoy visited Naples from Rome in 1889, Maria Giovanna Brandi and husband Raffaele Esposito from Pizzeria Brandi presented the royal couple with three different pizzas. A new, patriotic pizza

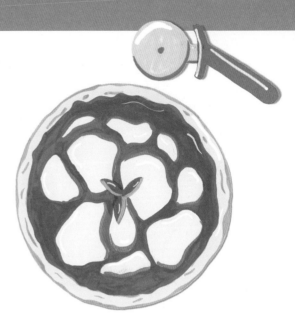

featured the colors of the Italian flag: red (tomato sauce), white (mozzarella), and green (basil). This became pizza Margherita, named in the Queen's honor and now iconic in Naples.

3 OTHER MUST-TRY DISHES

Carbonara

The name of this spaghetti dish translates from Italian as "coal-miner style," a reference to fresh-cracked black pepper that resembles coal dust. The namesake coal miners would have worked in the Apennine Mountains. Eggs, guanciale (salt-cured pork jowl), and grated Pecorino Romano cheese also coat the pasta. Even though this dish may feel historic, there's no record of carbonara until 1954.

Porchetta

Three central Italian regions claim this exquisite pork dish: Umbria, Abruzzo, and Lazio. Traditionally, whole pigs were gutted, deboned, rolled with herbs and spices like garlic, fennel pollen, and rosemary, and roasted in a wood-burning oven. The whole animal is frequently butchered and cooked with the head attached, though many chefs just wrap a leaner loin around the fattier belly. Either way, slices combine luscious meat and crispy skin. Porchetta stars in sandwiches on either crusty bread or focaccia.

Lasagna

This multilayered pasta sheet stack bakes in a pan and gets sliced into rectangles. Lasagna dates to at least the 13th century, before tomatoes arrived on the peninsula. Lasagna alla Bolognese from Emilia-Romagna has become the most famous version, featuring green, spinach-stained pasta, rich ragù (meat sauce) and béchamel, with sharp Parmigiano-Reggiano grated on top. Other lasagnas combine assorted cheeses, meats, and vegetables.

SPAIN

Conversations about Spanish history are incomplete unless mentioning the Moors, a blend of Muslim people from northern Africa who had a lasting impact on Spanish culture, architecture, and cuisine. Berber general Tāriq ibn Ziyād conquered most of the Iberian Peninsula—now Spain and Portugal—in the year 711. Over centuries, Moors ruled less of Spain, but they still held power until 1492 when soldiers serving Isabella I of Castile and Ferdinand II of Aragon won the Granada War. That year, the two monarchs also sponsored Christopher Columbus's expeditions to the Americas. Spain's regional cuisines continue to benefit from colonial ingredients he brought back (which we cover on page 10) as well as Moorish imports such as rice, citrus, almonds, and spices. The country's location between the Atlantic Ocean and Mediterranean Sea also facilitated seafood and culinary trade. In more recent history, Spain has developed a global reputation for tapas and pintxos, small bites that deliver big flavor. Prized home-grown ingredients include briny percebes (goose barnacles) and jamón ibérico, luxurious ham made from acorn-fed, black-footed pigs. Enjoy small tastes of Spanish food.

PAELLA

This rice dish from Valencia originally featured ingredients from rice fields simmered in a wide, shallow pan called a paella. Short-grained rice and saffron, now paella hallmarks, came from Moorish colonizers. Paella originally starred proteins including chicken and rabbit with vegetables, and it is now available with nearly every imaginable ingredient from the sea, land, and air. Some versions are even flavored with squid ink.

3 OTHER MUST-TRY DISHES

Churros

These ridged, sugar-coated fritters are often associated with Mexico, but there's a good chance they originated in Spain. Depending on the shop, they'll either be sections of spiral or teardrop-shaped. Better yet: dip an order in molten chocolate. For that innovation, we can thank Mexico. Churros and chocolate are called xurros and xocolata in Catalan.

Gambas al Ajillo

This popular tapa was probably created at La Casa del Abuelo in Madrid, a bar that opened in 1906 and continues to serve shrimp sautéed with garlic, olive oil, parsley, and cayenne in a cazuela (clay dish). Sop up remaining sauce with bread.

Gilda

Perhaps the most popular pintxo (skewer) dates to 1946 at Bar Casa Vallés in San Sebastian. That's the year Rita Hayworth played "Gilda," a femme fatale in the legendary film noir movie. The toothpicks spear pickled guindilla peppers, cured anchovies, and pitted green olives, a nod to Gilda's spicy character.

TORTILLA ESPAÑOLA

A Recipe by Sandra Cordero
Gasolina Cafe, LOS ANGELES

A beloved Spanish classic, Tortilla Española, or potato omelet, is the first dish I learned to cook as it was my favorite thing to eat. In Spain it's a popular dish across the country and is served everywhere. Made from potatoes, eggs, and onions, tortilla can be eaten at any time of day, either warm or cold.

INGREDIENTS:
2 lbs potatoes
5–6 large eggs
2 TBS whole milk
1 medium yellow onion
½ cup olive oil
salt

PREPARATION:
Wash and peel potatoes, then thinly slice. Thinly slice the onion.

Add olive oil in a 10" non-stick skillet, then add potatoes and onion. Fry until potatoes are tender; drain excess oil and set aside.

Beat eggs and milk in a bowl, then add potato and onion mixture; mix well. Season with salt to taste.

Add a tbsp of the leftover olive oil back into the skillet and warm over medium heat. Pour the egg mixture into the skillet and cook until the eggs start to set. Place a flat plate onto the skillet and carefully flip the pan over (ideally the plate fits right inside the skillet), slide the tortilla off the plate back into skillet, and cook on the other side until the tortilla turns a light golden color.

Remove from heat. Place serving dish over tortilla, then flip over onto platter and serve.

Ethiopia

Coffee Ceremony

One of Africa's richest cultures was part of the Kingdom of Aksum from approximately 100–940 AD along with parts of Eritrea and Yemen. Aksum's geographic position provided valuable access to Red Sea trade routes and vital Egyptian, Indian, and Persian resources, which influenced the way people ate. Italy colonized Ethiopia from 1935–1941, and pasta remains popular as a result, but most dishes rely on home-grown cooking traditions and come with injera, a slightly sour flatbread made with the local grain teff that doubles as a utensil. Ethiopia is also coffee's birthplace and remains influential in the coffee trade. That fact alone makes the country a destination.

Kaldi is a mythical Ethiopian goat farmer who saw his herd get wired after eating coffee fruit. This led to him trying beans and getting his own boost. Coffee may get its name from Kaffa, a coffee-growing region in southwest Ethiopia. For coffee ceremonies, Ethiopian beans are roasted tableside, ground using a zenezena (stick) and mukecha (bowl), brewed in a jebena (clay pot) over coals, and poured into porcelain cups. The highly social ritual spans "three rounds," so don't order if you're in a rush. Most people drink coffee black, but you can add milk and sugar.

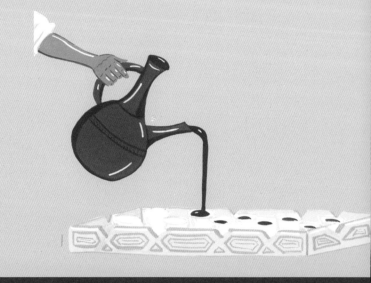

4 Other Must-Try Dishes

Kitfo

Chefs fold chopped raw beef with niter kibbeh and mitmita (a spice blend hotter than berbere). Ordering kitfo lightly cooked is called leb leb. Popular accompaniments include gomen and ayib. Kitfo comes with injera and/or kocho (crispy "bread" made with banana's cousin ensete).

Beyaynetu

On Wednesdays and Fridays, many Ethiopian Orthodox Christians fast and avoid meat. It's common for people to break their fast with this vegetarian sampler. Injera hosts dishes like misir wot (red lentils), shiro (chickpea stew), kik alicha (stewed yellow split peas), and gomen (collard greens).

Tibs

Stir-fried meat—often beef, but sometimes goat or lamb—incorporates niter kibbeh and awaze, a paste made with berbere, olive oil, spices such as garlic and ginger, and sometimes tej (honey wine).

Doro Wot

Chicken legs (and sometimes thighs) stew with hard-boiled eggs in spicy sauce made with berbere spice blend and butter. Injera is a given, and sometimes doro wot comes with ayib (cooling cottage cheese).

Condiments and Sauces of the World

According to 18th-century English poet William Cowper, "Variety's the very spice of life." That's particularly true when equipped with so many spicy condiments and sauces. Eaters throughout the world often look for ways to boost flavor in their meals, and these 12 colorful bottles, containers, and jars add plenty.

Chutney
India

These spiced condiments date back more than 2,000 years and can be either savory or sweet. Chutney features assorted fruits, vegetables, and herbs. For example, mint chutney can boost samosas or tandoor-cooked meats. Tangy tamarind chutney often teams with chaat (savory snacks). Tomato chutney pairs with dosas (thin rice and lentil crepes) and uttapam (thicker rice and lentil pancakes).

Gochujang
Korea

Koreans have used this fermented pepper paste since the Joseon Dynasty. Apparently, King Yeongjo was a fan in the 18th century. Gochujang was traditionally made with red pepper powder, glutinous rice flour, and meju (fermented soybean). Gochujang still spices up bibimbap, soondubu jjigae (tofu stew), and tteokbokki (stir-fried rice cakes).

Harissa
North Africa

This spicy paste is made with chiles, garlic, olive oil, and different spices depending on where it's made. Historians often identify Tunisia as harissa's birthplace, though it's also popular in neighboring countries including Algeria, Libya, and Morocco. Harissa often helps enliven couscous, stews, and vegetable dishes.

Mustard
Mediterranean Countries & Beyond

White and yellow mustard seeds may have originated in the Middle East, based on evidence from ancient Sumeria and Egypt. Brown mustard seeds first grew in the Himalayas. Greeks used the plant for medicine, and ancient Romans ground seeds with grape must to form a condiment. Romans brought mustard to France. Monks started making the condiment in cities like Dijon, which is known for a spicy, sinus-clearing version. In Germany, mustard is popular with sausages and rich meats.

Nuoc Cham
Vietnam

Documents show nuoc mam has been part of the Vietnamese diet for more than 1,000 years. Tiny fish ferment with salt for many months, resulting in a liquid loaded with umami. Nuoc cham is a sauce made with nuoc mam (fish sauce), chiles, garlic, lime juice, and sugar that's used for bun (rice noodle bowls), banh cuon (rice rolls), and com tam (broken rice plates).

Ponzu
Japan

This tangy sauce combines rice vinegar, mirin, katsuobushi (dried bonito flakes), kombu (kelp), and Japanese citrus such as sudachi or yuzu. Ponzu's origin dates to the 17th century, when trade with Dutch merchants inspired this blend of pons (punch) and su (vinegar). Ponzu remains popular for dressing shabu-shabu (hot pot) ingredients, seafood, and soba noodles.

Romesco
Spain

Fishers in Tarragona, Catalonia, supposedly created this thick sauce using tomatoes, garlic, olive oil, bread, and almonds. Nuts vary. So do chiles, which are optional. Seafood is a common accompaniment.

Salsa
Mexico

This sauce is constantly used to add flavor and moisture to Mexican meals. People traditionally made salsa in a molcajete, a Mexican mortar and pestle crafted from volcanic rock. Any kind of chile imaginable—raw, roasted, mild, or spicy—can be used to make salsas, along with tomatoes, tomatillos, garlic, onions, nuts, seeds, and olive oil.

Sambal
Indonesia, Malaysia, & Singapore

This versatile pounded chile sauce family counts more than 300 members. Potency depends on the types and amounts of chiles, shrimp paste, and spices. Garlic, ginger, shallots, and tomatoes also make frequent appearances. Sambal often adds kick to rice dishes, hard-boiled eggs, and noodles.

Soy Sauce
Asia

Historians can trace jiang (fermented soybean paste) to China's Han Dynasty, which thrived approximately 2,000 year ago. Jiang evolved into soy sauce, a savory liquid that spread to Japan during the 13th century and is now found across Asia. Soy sauce adds depth of flavor to stewed meats and stir-fries and seasons dumplings and sushi.

Sriracha
Thailand & Beyond

This globally beloved, fire red hot sauce started on the Thai island, Si Racha, where it's still made. The classic recipe beautifully balances spicy chiles, pungent garlic, sour vinegar, sugar, and salt.

Tahini
Middle East, Caucasus, & Beyond

This creamy, nutty toasted sesame seed paste has been made for more than 5,000 years in ancient civilizations including Ethiopia, India, and Sumeria. Many people probably know tahini for its close connection to hummus and falafel, but it's versatile enough to help enrich cakes, cookies, and drinks.

ASIA

NOODLES AROUND THE WORLD

This magical mix of flour and water likely started in China and spread to Italy and other countries through Silk Road trade routes. As noodle fame grew globally, chefs developed unique shapes, flavors, and uses.

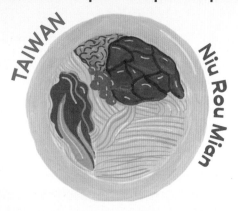

TAIWAN — Niu Rou Mian

This well-spiced beef noodle soup is practically Taiwan's national pastime, featuring tender beef shank and tendon, scallions, baby bok choy or spinach, and spices unique to each chef.

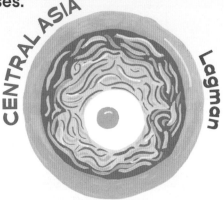

CENTRAL ASIA — Lagman

This noodle soup from the Uyghur ethnic minority originated in the northwest China province Xinjiang before spreading to countries like Uzbekistan. Hand-made noodles welcome either lamb or beef, vegetables, and herbs.

VIETNAM — Pho

This Vietnamese rice noodle soup is best known for beef broth bobbing with slices of filet mignon, flank steak, and brisket, plus tendon, tripe, meatballs, onions, and cilantro. Dress with herbs, bean sprouts, lime juice, and chile sauce.

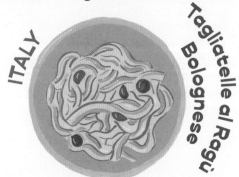

ITALY — Tagliatelle al Ragù Bolognese

This popular dish from Bologna features flat pasta tossed with slow-cooked stew made with tomatoes and meats like beef, pork, and salumi like mortadella and prosciutto.

THAILAND
Khao Soi
Chiang Mai in northern Thailand is this coconut curry noodle soup's epicenter. Egg noodles come topped with crispy fried noodles and cilantro. Chicken legs are a traditional protein, though some chefs use pork and seafood. Dress with pickled mustard greens, crunchy red onions, chiles, and lime juice.

KOREA
Kalguksu
Chewy, knife-cut noodles typically arrive in either chicken or anchovy broths. Toppings range from chicken to clams, kimchi, and mandu (Korean dumplings).

PERSIA
Ash Reshteh
This thick soup hosts flat Persian noodles, spinach, herbs, lentils, beans, and chickpeas. Dried mint, kashk (fermented yogurt or whey), and caramelized onions add complexity.

JAPAN
Ramen
The ultimate Japanese noodle soup differs by region and often features tonkotsu (long-cooked pork broth), though chefs also use chicken and seafood. Shio (salt) and shoyu (soy sauce) are two other popular versions.

MALAYSIA +
SINGAPORE
Laksa
This spicy coconut curry noodle soup often includes shrimp, fish cakes, firm tofu sheets, and hard-boiled egg.

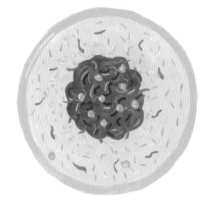

EGYPT
Koshari
Egypt's national dish combines macaroni (and other pastas) with rice, lentils, chickpeas, fried onions, spicy to-mato sauce, and garlicky dressing.

China

China is one of the largest countries with diverse culinary traditions guided by history, geography, and climate. The Silk Road, a network of trading routes that connected the country with the Middle East and Europe by land and sea, helped exchange ideas and brought new spices, dishes, and techniques and expanded cooking traditions. Northern China, a region known for drier and harsher weather, generally relies on a heartier wheat-based diet, including more meat and noodles. Nomadic tribes such as the Mongols and large Muslim populations popularized proteins like beef and lamb. Southern China has historically focused more on rice, seafood, and pork. China's regional cuisines are vast, so it would be impossible to reference them all, but food from four places has achieved global popularity: Beijing (the capital), Hong Kong (Cantonese cuisine's headquarters), Shanghai (a dumpling mecca), and Sichuan province. In southwest China, Sichuan cuisine uses mouth-numbing spice from local peppercorns and additional heat from chiles that arrived in China from the Americas in the late 16th century. Chinese cuisine continues to evolve, whether it's casual Chengdu street food or fine dining in a futuristic Shanghai tower.

PEKING DUCK

Historically, Peking duck was reserved for imperial feasts in Peking, China's capital, which has been called Beijing since the civil war ended in 1949. Chefs feature exquisite roast duck with crackly skin and melting fat that's typically carved tableside. Assemble prized bites with four classic accompaniments: thin flour pancakes, shaved scallions, cucumbers, and hoisin, a sweet and savory soybean sauce. Sometimes, restaurants serve garlic paste for the meat and sugar for the skin. Fun fact: Bianyifang is a Beijing restaurant that specializes in Peking duck and dates to 1416. There, they pipe the birds with soup and roast them in closed, brick-walled ovens, a method that's called men lu. Other restaurants prepare their ducks using the gua lu method, roasting over wood fire in open ovens using fruit woods such as jujube or date.

2 OTHER MUST-TRY DISHES

Sheng Jian Bao (Shanghai)

Xiao long bao (which appear in Dumplings of the World, page 62) are more famous, but these buns can hold their own thanks to their texture. Sheng jian bao are simultaneously pan-fried and steamed, resulting in crispy bottoms and fluffy tops. They're often dressed with sesame seeds and scallions and served with soy sauce and black vinegar. Juicy pork fillings have been known to spurt, so be careful when you bite.

Siu Mei (Hong Kong)

Roast meats are a big part of Cantonese culinary culture. Options frequently include char siu (marinated and barbecued pork), siu yuk (crispy-skinned pork belly), siu ngaap (duck), and siu ngo (goose). These meats often hang from hooks and get butchered to order and sold in rice plates, as half or whole birds or by the weight.

DIM SUM

Dim sum, which translates from Cantonese as "touch the heart," started as small dishes to accompany tea in yum cha (drink tea) businesses. Push carts became the prominent mode of delivery in Hong Kong, with food served on plates and in bamboo steamers. Modern, higher end dim sum restaurants provide checklists, supposedly to emphasize freshness of made-to-order food, versus plates that make several laps around the dining room before being selected. Either way, this dining experience is beloved.

CHAR SIU BAO
These buns, whether golden guk (baked) or fluffy jing (steamed), are filled with roasted pork that's tossed in a sweet and savory sauce.

CHEUNG FUN
Delicate steamed rice noodle rolls likely originated in Guangdong province and come with a choice of filling, possibly shrimp, char siu, or beef. Pour a savory soy-based sauce on top and enjoy.

DAN TAT
Flaky baked egg custard tarts, originally called pastel de nata in Portugal, arrived through colonization in Macao and became a common dim sum dessert.

FENG ZHAO
Chicken feet are known as phoenix claws, a reference to a legendary bird in Chinese mythology. They're often braised and require focused eating to remove the flavorful skin and what little meat lines the bones.

HAR GOW
These steamed shrimp dumplings feature translucent wheat and tapioca flour wrappers.

JIAN DUI

Fried, sesame-coated balls are made with chewy rice flour and filled with sweet lotus seed paste.

LO BAK GO

Steamed and pan-fried turnip cakes feature daikon radish bits bound with rice flour. The savory rectangles have also been known to contain lap cheong (Chinese sausage), mushrooms, and dried scallops.

SIU MAI

Steamed pork and shrimp dumplings are open at the top, with wonton wrappers and frequently a tobiko (flying fish egg) garnish.

India

India has a storied past, and the 1.3 billion people in this South Asian country have certainly experienced other important periods, but for modern purposes, it's impossible to share India's history without mentioning British colonization. The empire had a presence in India for more than 300 years, ending with independence in 1947. The East India Company established trade in 1608, and the rocky relationship (to say the least) culminated in the British Raj's formal colonial rule from 1858–1947. India was also an important part of the Silk Road trade network and contributed spices such as black pepper, cardamom, and turmeric to the world. The Indian subcontinent's history is also intertwined with Pakistan, which also went solo in 1947, and Bangladesh, which split from Pakistan in 1971. Indian cuisine remains vivid and bold.

TANDOOR

Archaeologists found evidence of tandoori chicken in clay ovens dating to approximately 3000 BC in Harappa, an ancient civilization in India's Indus Valley. In 600 BC, Maharshi Sushruta wrote about marinated meat cooking in clay ovens in his famous medical book *Sushruta Samhita*. Clearly, this cooking method has been on Indian minds for millennia. Throughout the ages, many other meats have graced skewers that submerge into tandoors, including beef, lamb, and prawns. Breads such as naan and roti also cook on the oven's walls.

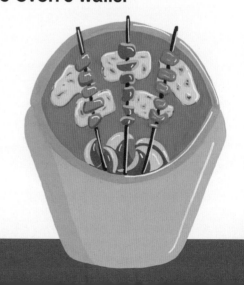

4 OTHER MUST-TRY DISHES

Samosas

According to 11th-century historian Abul-Fazl Beyhaqi, samosas originated with the Ghaznavids, whose empire lasted for more than 200 years and extended from Persia to northwest India. These fried packets contained meat, fruits, and nuts and went by sanbosag. Indian samosas evolved to feature lamb, goat, vegetables, potatoes or cheese, and spices adjusted to local palates. Samosas are often served with chutneys.

Chaat

The word chaat translates from Hindi as "to lick" and refers to how Mumbai street vendors would serve this family of street food snacks on banana leaves that proved so irresistible that people would lick the leaves clean. For example, bhel puri combines murmura (puffed rice), papdi (spiced crackers), potatoes, coriander, peanuts, and chutneys in a paper cone. Pani puri is another classic featuring delicate puri (deep-fried bread shells) filled with ingredients like mashed potatoes, chickpeas, sev (crispy chickpea noodle strands), dahi (tangy acid-curdled milk), and chutney.

Biryani

This one-pot dish layers fluffy basmati rice atop fried spices, proteins, and vegetables. Biryani traditionally cooks over a charcoal fire in a clay pot, though modern vessels and cooking methods have become more common. The dish has developed regional differences across India, with diverse spicing and cooking methods. Biryani is based on an ancient Persian cooking method called berinj biriyan. Biriyan loosely translates as "fried before cooking," and berinj is the Farsi word for rice.

Dosas

Thin South Indian crepes are made with fermented black lentil, rice flour, and fenugreek batter and formed into cylinders, cones, and triangles. Fillings are traditionally vegetarian. Dosas typically come with chutneys and sambar (lentil and vegetable soup). Accounts vary, but Tamil people probably invented a more rustic version about 2,000 years ago. A version closer to what people currently enjoy may have debuted in Karnataka.

Japan

Japanese cuisine is highly regional, seasonal, and specialized. To focus on specific menu items would be a mistake, since the food is so nuanced. Still, Japan has many popular dining categories to explore. Here are some of the most popular eating styles in Japan, not including ramen, which you'll find under Noodles Around the World (page 44). The country was insular during the Edo period under Tokugawa shogun rule, but US Commodore Matthew Perry convinced the rulers to participate in global trade. Emperor Meiji Tennō consolidated power and moved Japan's longtime capital from Kyoto to Tokyo, where the government remains. For just over 50 years, starting with the first Sino-Japanese War, Japan participated in several wars that initially increased their influence on the region. That ended with World War II, where Japan suffered defeat to Allied forces that stripped the emperor of power and led to a long recovery period. Japan is now thriving, and the country's culture has had a lasting impact on the world, including the way people eat.

SUSHI

The combination of fish and seasoned rice is immensely popular worldwide. Sushi likely originated in China more than 2,400 years ago. Tenth-century writings point to an early form called narezushi featuring salted fish packed with rice for months and in many instances more than one year. In this case, the pungent rice went uneaten. By the 16th century, chefs started pressing fish and rice with vinegar, a version called mama-narezushi that took less time and made the rice more appetizing. Hanaya Yohei is credited with creating modern nigiri (fresh fish hand-molded with seasoned rice), which started as street food in Ryōgoku, Edo (now Tokyo), in 1824. Omakase occurs when diners trust the sushi chef to serve whatever sea creatures they find most exciting, how they see fit. Sashimi refers to sliced seafood that's served without rice. Seafood and rice tucked into nori-wrapped hand rolls is also popular.

3 OTHER MUST-TRY DISHES

Kaiseki

Chefs present seasonal fine dining in highly detailed, multi-course tasting menus that span a range of cooking styles and reflect a sense of place. Sixteenth-century Kyōto tea master Sen no Rikyū gets some credit for modernizing the chadō (tea ceremony), which came to include food. The experience and setting have evolved over the past 500 years. Kaiseki now is more commonly found in ryōteis (traditional high-end Japanese restaurants) or ryokans (traditional Japanese inns).

Izakaya

These pubs have been around since the Edo period. The name was originally isakaya (i means stay-in, and sakaya is sake shop). Proprietors originally made small snacks to keep guests drinking sake. Now food is often a bigger focus, featuring an array of fried, grilled, marinated, and simmered dishes.

Yakitori

Every part of the chicken imaginable, and some that people probably haven't considered, are grilled on skewers over binchotan, white charcoal that burns hot and clean. Vegetables also get grilled, and other chicken preparations go beyond the grill. Chicken yakitori became popular during the Meiji era, which started after the Edo dynasty ended in 1868. Buddhists frowned on chicken eating during the Edo dynasty, but after the Edo dynasty ended in 1868, yakitori quickly became a common street food and drinking snack.

Korea

The Korean table is best known globally for "barbecue," meat cooked on tabletop grills. The cuisine goes much deeper, with regional comfort foods ranging from hearty stews to unique noodle dishes and fried chicken. By having so much mountainous terrain and limited farmland, Korea has relied on preservation. Key examples include kimchi, doenjang (fermented soybean paste), and dried seafood such as fish and squid. Thousands of years ago, neighboring China supplied Korea with agricultural assets like cattle, pork, and rice that remain key parts of the Korean diet. General Yi Song-gye set the stage for Korean prosperity in 1392 when his army defeated the Koryŏ Dynasty and made Hanyang (now called Seoul) the Joseon Dynasty capital. Japan later occupied Korea from 1910–1945 and tried to erase Korean culture, history, and language. The country continued to suffer through the Korean War but bounced back in a big way. Korean food, K-Pop music, and movies have become increasingly influential across the world.

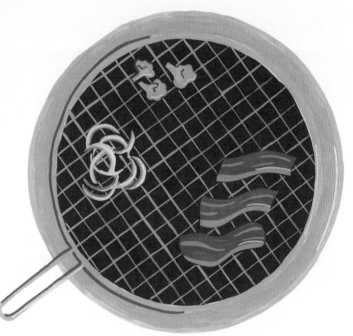

BUDAE JJIGAE

BBQ MEATS

CHADOL (BRISKET)
This thin-sliced beef cut is fairly lean and cooks quickly.

BULGOGI
Many marinated, thin-sliced meats all qualify as bulgogi. Top restaurants use beef rib-eye, but sirloin also shines. Pork enjoys a spicy gochujang marinate balanced with sweetness. Boneless chicken thigh meat enjoys a soy-based marinade.

GALBI (SHORT RIB)
This prized bone-in cut comes either marinated or unseasoned, which dips in sesame oil with salt and pepper.

PORK BELLY
Thickness and marinades vary for these fat-streaked slabs of uncured bacon. Pork belly often grills next to kimchi and kong-namul muchim (marinated bean sprouts).

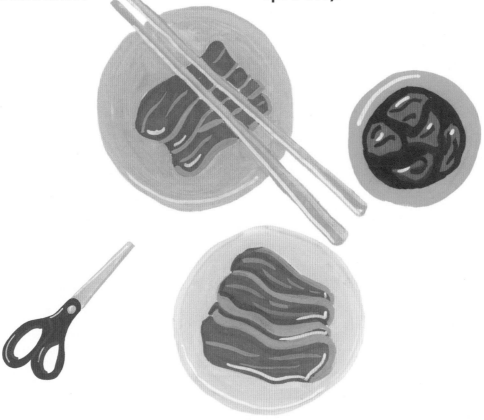

BANCHAN

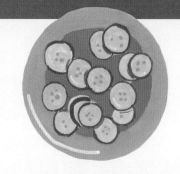

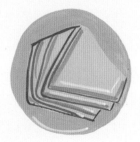

KIMCHI
This family of sour fermented vegetables can get spicy. In general, the longer kimchi sits in its container, the funkier it gets. Napa cabbage is the most popular vegetable used to make kimchi, which people eat as a side dish or use to boost rice dishes and stews.

OI KIMCHI
Cucumber spears are lightly marinated and tossed with crunchy vegetable strands. They can get spicy.

EOMUK BOKKEUM
Stir-fried fish cakes are fairly sweet, featuring thin sheets tossed with carrots, onions, and milder peppers like bell.

DOTORIMUK
Firm slabs of tan acorn jelly can be dressed with savory sauces. The flavor is mild and nutty.

KKAKUDUGI
Daikon radish kimchi features tart, crunchy cubes that can either be mild or spicy. This type of kimchi is often served with mild soups or Korean fried chicken.

KONGNAMUL MUCHIM
Crunchy bean sprouts can either be tame or spicy. They can also be a component in bibimbap.

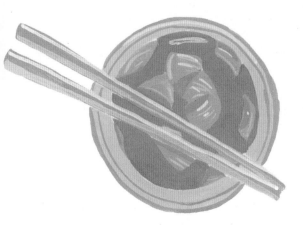

BAEK KIMCHI

This mild "white kimchi" ferments Napa cabbage minus chiles, resulting in mild, refreshing flavor.

MYEOLCHI TTANGKONG BOKKEUM

One of the most savory Korean side dishes features tiny, crispy anchovies stir-fried with peanuts.

3 OTHER MUST-TRY DISHES

Budae Jjigae

Army stew dates to the Korean War, when fresh food was scarce and people relied on canned meats from US Army bases. Spam, hot dogs, Vienna sausages, instant ramen noodles, and rice cakes make frequent appearances. Baked beans and American cheese slices have also been known to join the spicy, bubbling broth, along with kimchi, mushrooms, and greens.

Bibimbap

This "mixed rice" bowl combines colorful vegetable piles with fried egg and sometimes meat. Add gochujang (red pepper paste) to increase the heat. Mix to integrate different flavors and textures. Dolsot bibimbap is a version served in a sizzling stone pot that makes the rice crispy.

Naengmyeon

Cold noodles are especially popular in summer but available year-round. Thin, vermicelli-like noodles may arrive submerged in icy broth with gochujang, crunchy cucumber and daikon strands, hard-boiled egg, and possibly brisket or skate wing. Dress with vinegar and mustard.

THAILAND

Thailand is the only Southeast Asian country that Europeans never colonized, but the country has hardly existed without influence from other cultures. Siam, as the kingdom was known until the 20th century, has battled neighbors in Cambodia and Myanmar (formerly Burma) and made concessions to countries including England and France to maintain independence. Starting in the 16th century, when Ayutthaya was still the capital, the Chao Phraya River allowed for trade with kingdoms such as Portugal, Persia, and Spain. Regional superpower China contributed noodles, soy sauce, and tofu, which have proven influential. Chiles originated in the Americas (page 18) but have become central to Thai spice. Thailand also continues to share some culinary traditions with adjacent countries including Laos and Cambodia. For instance, two of Thailand's most recognizable dishes likely originated right across the border from northeastern Isan province in Laos: green papaya salad and larb (a ground meat "salad"). Prime Minister Plaek Phibunsongkhram (known to Westerners as Phibun) played an important role in promoting Thai cooking and culture after helping to lead a successful military revolution. The dictator tried to instill national pride and changed the country's name from Siam to Thailand in 1939, which briefly switched back to Siam in 1945, and returned to Thailand in 1948. Phibun was later overthrown, but not before inspiring Thailand's national dish.

BOAT NOODLES

Rangsit, in Pathum Thani province north of Bangkok, is often credited as the epicenter for kuay teow reua, which is what Thai people call boat noodles. Chinese laborers settled there to build the Rangsit Prayoonsak

Canal in the late 19th century. As a result, Chinese cooks sold kuay teow reua by boat along the canal's banks. It's also possible to buy boat noodles along the nearby Chao Phraya River, though development and pollution have limited boat noodle vendors over the years, causing cooks to switch to serving food on shore and in restaurants. This murky, flavorful beef noodle soup features rice noodles, salted pork blood, sliced beef, meatballs, herbs, chiles, spices, fried garlic, and a crispy pork skin garnish.

3 OTHER MUST-TRY DISHES

Pad Thai

In the late 1930s, Prime Minister Plaek Phibunsongkhram (Phibun) held a recipe contest to find a new dish to build national pride after taking office. This stir-fried rice noodle dish, kway teow pad Thai, was seemingly the winner, though Phibun's son Nitya Pibulsonggram claims his family had already been eating pad Thai at home. Ingredients include scrambled egg, tamarind paste, tofu cubes, crunchy bean sprouts, chiles, dried shrimp, fish sauce, ground peanuts, palm sugar, and fresh-squeezed lime juice. Pad Thai is commonly available with a choice of proteins such as chicken, pork, or shrimp and occasionally comes wrapped in a thin omelette.

Miang Kham

These interactive piper sarmentosum (wild pepper) leaf wraps combine different ingredients that deliver sweet, spicy, sour, and bitter flavors in each bite. Components often include bird's eye chile, dried shrimp, lime, ginger, shallots, roasted coconut, and roasted peanuts, spooned with tangy sauce made with palm sugar, tamarind, and aromatics.

Khao Neeo Mamuang

Mango sticky rice is the country's most famous dessert, particularly in northern Thailand, which is closer to khao neeo mamuang's likely point of origin: Laos. Coconut milk washes over warm glutinous rice, which gets garnished with crunchy mung beans and served with sweet mango when it's in season in the spring.

VIETNAM

Vietnam has been subject to imperial rule on and off for more than 2,000 years. China controlled this coastal Southeast Asian country for a full millennium, finally giving way to northern Vietnamese imperial rule in the year 938. Southern Vietnam later joined the unified country in 1786. Vietnam became a French colony from 1883 through 1954. As part of the treaty that once again split the country in two in 1954, up to one million northerners relocated to south Vietnam before the borders closed, which allowed for northern dishes to find a new audience. In the mid-1970s, the Vietnam War and Saigon's fall also forced people to flee at great risk, spreading Vietnamese cuisine to other parts of the world.

Throughout the ages, Vietnam has absorbed foreign influences, but the cuisine has remained rooted in rice. Rice noodles, paper, and rolls helped fuel key dishes. Balancing salty, sweet, spicy, sour, and bitter flavors also defines Vietnamese food.

Pho, the country's iconic rice noodle soup, appears in our Noodles Around the World (page 44). Other popular dishes and regional specialties help tell Vietnam's culinary story.

BÁNH MÌ

Bakeries started producing crackly baguettes for homesick expats during French colonial rule. Basic bánh mì originated in northern Vietnam and initially combined imported charcuterie, pâté, and butter. Once northern people moved south in 1954 and 1955, they had more diverse ingredients at their disposal. Typical fillings we now associate with bánh mì

include cucumbers, chiles, cilantro, pickled carrot and daikon, mayonnaise, and Maggi, an umami-rich Swiss seasoning similar to soy sauce that French people brought to Vietnam. Almost any protein is possible now, including chicken, pork, sardines, and tofu.

4 OTHER MUST-TRY DISHES

Bánh Cuốn

Delicate steamed rice batter sheets wrap around fillings like wood ear mushrooms, ground pork, and shrimp. Fried shallots, cold cuts, and nước chấm, seasoned fish sauce, complete each northern Vietnamese plate.

Bánh Xèo

These crispy rice flour crepes stained yellow with turmeric fold over fillings like pork belly, shrimp, squid, scallions, and bean sprouts. This dish is likely from central Vietnam and comes with lettuce and herbs.

Chả Giò

These fried Saigon-born rolls feature blistered rice paper coats and seasoned fillings that include ground pork, either crab meat or shrimp, wood ear mushrooms, and vegetables. Wrap with herbs in lettuce.

Bún bò Huế

Huế, Vietnam's former imperial capital in central Vietnam, produced this bold noodle soup. Sliced beef, pork foot, crab meatballs, and pork blood cubes join thick rice noodles in spicy beef and pork broth.

Dumplings of the World

These portable dough packets originated in China approximately 1,800 years ago as jiǎozi. Dumplings spread across Asia and into Europe, taking many different forms. Dumplings can be boiled, deep-fried, pan-fried, or steamed and have been known to contain almost any meat, seafood, or vegetable imaginable. A little protein goes a long way in a dumpling, which historically has allowed people to stretch ingredients in satisfying ways.

AUSHAK: AFGHANISTAN
Delicate leek dumplings, saucy and colorful, come topped with ground beef, yogurt, tomato, dried mint, and yellow split peas (or lentils).

KHINKALI: GEORGIA
These sturdy purses with bunched tops from the former Soviet Republic (not the US state) can be boiled or deep-fried and contain fillings such as ground beef, cheese, and mushrooms. Hold by the "stem" to eat.

MANDU: KOREA

These dumplings of variable shape can be steamed, pan-fried, deep-fried, or served in soup. Popular fillings include pork, kimchi, and shrimp.

MANTE: ARMENIA

Boat-shaped dumplings are typically filled with ground beef, though chicken and veggies are possible. They're classically dressed with tomato sauce and garlicky yogurt sauce. They're often baked, but can be deep-fried or served in soup.

MOMO: NEPAL + TIBET

These Himalayan dumplings have a disputed history, but may date as far back as the 14th century to the Newar people in Kathmandu Valley, which is now part of Nepal. Momos are typically round and pleated, filled with vegetables or proteins like ground beef, chicken, or yak meat, and either steamed or fried.

PELMENI: RUSSIA

These tiny dumplings are often filled with either ground beef or chicken, frequently available boiled or deep-fried, and served with cooling sour cream.

PIEROGI: POLAND

Crimped, half-moon-shaped dumplings are boiled and pan-fried, featuring fillings such as chicken, cheese, beef, and mushroom.

XIAO LONG BAO: CHINA

Thin-skinned soup dumplings filled with juicy pork and sometimes costarring crab, crab roe, or shrimp are known for intricate pleating that requires nimble finger-work to produce. Xiao long bao likely originated in Changzhou in the 19th century and have become popular across Asia, the United States, and Canada.

Onigiri

A recipe by Akira Yoshimura
Jichan's Onigiri-ya, **LOS ANGELES**

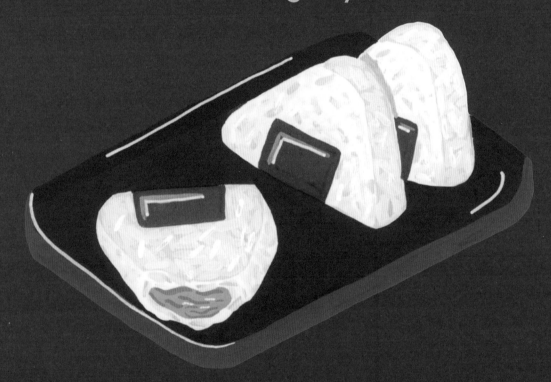

Onigiri, or omusubi, are Japanese rice balls wrapped in crispy nori (seaweed). Onigiri can be plain white rice or have a filling, hidden in the center or mixed with the rice. I have great childhood memories eating Onigiri: my mom and aunt made them as a quick snack after school, before basketball games, and for picnics.

Onigiri have endless filling options: salmon, karaage (fried chicken), spam, umeboshi (Japanese plum), masago (Capelin roe), furikake (Japanese seasonings), shrimp tempura, even cheese. Sound delicious? It is!

Let's make Onigiri with salmon and umeboshi.

INGREDIENTS
2 cups (475 ml) uncooked short
grain rice for stovetop
2 cups (475 ml) + 2 oz (60
ml) bottled/filtered water for
stovetop
8 oz salmon fillet
2 Umeboshi
   purchase at Japanese market
   or online
Sea or Kosher salt
4 sheets nori, cut into quarters
   purchase at Japanese market
   or online · Shiso leaves (Perilla
   leaves) – optional

COOKWARE
Large bowl
Strainer
Small saucepan (1.5–2.5 qt size)
with tight lid

Making Onigiri requires
washing and cooking rice,
preparing Onigiri fillings, and
shaping and molding the Onigiri.

WASHING AND COOKING RICE
For great tasting rice, soak
30–60 mins before cooking and
use clean filtered/bottled water.

WASHING
Add short grain rice to large
bowl; fill with water.
Swirl rice in circular motion
with hand for approximately 15
seconds until water becomes
cloudy. Discard water.
Repeat 4–5 times until water
is clear.

▶

Add water just above rice level and soak 30–60 mins.

Pour into strainer; drain.
Let rice sit in strainer 10–15 mins removing most of the water.

Cooking rice on stovetop:
Add rice (2 cup = 475 ml) and 2 cups (475 ml) + 2 oz (60 ml) bottled/filtered water to saucepan.

Cover with lid; cook on medium heat until bubbling. Keep lid on at all times during cooking/steaming process for perfectly fluffy rice.

Once bubbling, reduce heat. Cook on low approximately 14–16 mins or until water has cooked off.

Turn off heat; remove saucepan from stovetop.

Let rice steam 10–15 mins.
Lift the lid and mix rice with a shamoji (Japanese rice paddle) or spoon to fluff.

PREPARING ONIGIRI FILLINGS

1 Salmon
Preheat oven to 400F.
Salt salmon on both sides.
Bake salmon for 12–15 mins or until golden brown.
Flake cooked salmon using fork or hands; set aside.
2 Umeboshi (Japanese plum)
Place 2 umeboshi in small bowl.
Squeeze umeboshi to separate flesh from seed.
Discard seed; set flesh aside.

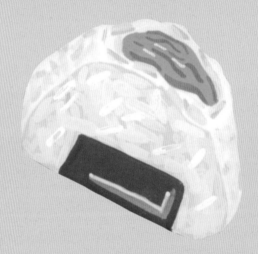

SHAPING AND MOLDING ONIGIRI

Add ½ cup freshly cooked rice to bowl.

FOR SALMON FILLING

Add 1 oz flaked salmon to rice.

FOR UMEBOSHI FILLING

Add flesh of 2 umeboshi to rice.

Mix thoroughly with shamoji/spoon; set aside.

Wet hands with water to prevent rice sticking to them.

Lightly salt hands to add flavor. Press/shape rice mixture with both hands into triangle or ball (traditional Onigiri is triangle-shaped).

Don't press too hard, just enough to give it shape.

OPTIONAL

Wrap shiso leaf around Onigiri. This Japanese herb has a refreshing flavor/aroma. · Wrap fresh nori around Onigiri. Enjoy!

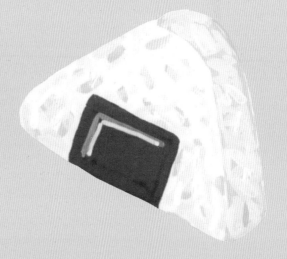

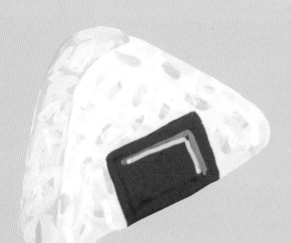

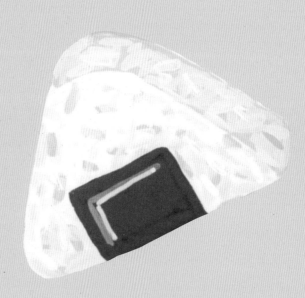

MIDDLE
EAST

SPICES OF THE WORLD

The hunt for flavorful and valuable spices launched expeditions to uncharted civilizations across distant oceans. They also inspired a massive network of Silk Road trade routes that connected Europe and the Middle East with Asia by land and sea. Legendary Venice merchant Marco Polo traveled the Silk Road many times in the late 13th century and wrote about spices such as cinnamon, ginger, and pepper in his memoirs, which only spurred more exploration and trade that continues to this day.

SPICES OF THE WORLD

BAY LEAF
These historic Mediterranean trees appeared frequently in Greek and Roman mythology and held a place of honor in those ancient empires. Greeks bestowed bay leaf wreaths to Olympic champions to wear on their heads, and Roman ruler Julius Caesar supposedly wore a bay leaf crown, which may have been solid gold. In cooking, bay leaves are mainly used to flavor soups and stews.

CAYENNE PEPPER
This small, spicy red pepper originated in South America, chile's birthplace. They're dried, ground into powder, and popular in Asian, Indian, and Mexican cooking. It's also a key ingredient in Nashville-style hot chicken. Cayenne is the capital of French Guiana, a South American country, which may have been named for the chile pepper.

CARDAMOM
Pods from this southern Indian tree are common in curries, rice preparations, masala chai, and Indian desserts. The spice is also popular in the Middle East and countries like Guatemala and Sweden, where the spice is used in sweet buns called kardemummabullar.

CINNAMON
True cinnamon is from Sri Lanka, an island nation located off India's coast that previously went by Ceylon. This fragrant, lucrative spice inspired Portuguese and Dutch conquests, which started in the 16th century and spread cinnamon around the world. This versatile brown spice is used to flavor both savory and sweet foods. Most cinnamon we now see on shelves is actually cassia, a less distinctive Southeast Asian cousin.

CLOVE
The Maluku Islands in eastern Indonesia have been called the Spice Islands for centuries due to trees that grew cloves, mace, and nutmeg. Spanish and Portuguese colonizers first harvested their rare spices. Legend quickly grew and Dutch colonizers took control, destroying trees and limiting exports to artificially raise prices. Zanzibar now produces the world's largest clove crop. Clove currently factors into Chinese five-spice, pho, and countless baked goods.

CUMIN
These tiny Mediterranean seeds helped flavor foods for ancient Greeks and Romans and now season everything from northern Chinese lamb skewers to Texas chili and the Indian potato dish aloo jeera.

PAPRIKA
Three primary kinds of paprika all feature ground red peppers. Standard paprika is milder and sweeter and powers spice blends to rub on meats and use in stews. Hungarian paprika's flavor profiles range from mild to sweet and spicy, and it is used for dishes like chicken paprikash and goulash. Spanish smoked paprika, also called pimentón, can be spicy, sweet, and bittersweet, depending on the peppers, and factors into dishes like such as chorizo and paella.

PEPPER [BLACK, WHITE, + PINK]
Black pepper is from India's Malabar Coast. White pepper comes from the same plants, but just uses the seeds. Pink pepper is not technically pepper and comes from South American countries like Brazil and Peru. In each case, it's best to grind pepper fresh to maximize the potency.

SAFFRON
This vivid golden spice originated in the Persian Empire and continues to be popular in Iran and countries such as Morocco and Spain. This precious spice is made by plucking the stigma, or threads, from each blooming crocus, leaving them in the sun to dry, and then grinding them into powder. Saffron is popular in rice dishes and also gets used in a range of savory foods and desserts.

TURMERIC
People eat the bright yellow root of this plant that primarily grows in India, and it is also popular in Southeast Asia. Turmeric is a key ingredient in curry powder and is known for its anti-inflammatory and antioxidant health benefits.

EGYPT

Iconic images of pyramids and pharaohs helped to define ancient Egypt, but a lot has changed in the past 2,500 years. Thankfully, the Nile remains constant. This legendary river spans more than 4,000 miles from central Africa to the Mediterranean Sea. Historically, the Nile would flood yearly, depositing nutrient-rich soil on the river's shores to grow grains, fruits, and vegetables. The country's location on the Mediterranean and Red Seas also made it easy to trade with Europe, India, and Asia, helping to exchange spices and ideas. Koshari is Egypt's national dish, which we cover in Noodles Around the World (page 44). Learn about other key Egyptian specialties.

HAMAM MAHSHI

Pigeons are stuffed and served with spiced freekeh (green wheat from the region). The birds aren't just plucked from the street. They're raised with care in dove-cotes (special mud houses) and either roasted or grilled while they're young and tender.

4 OTHER MUST-TRY DISHES

HUMMUS

The Arab name translates to "chickpea," and that is the main ingredient in this dip found throughout the Middle East. Other countries make claims, including Lebanon. Chickpeas have grown in places like Anatolia (Turkey's predecessor) and the Himalayan mountains for thousands of years, but the oldest remaining hummus recipe may be from 13th-century Egyptian cookbooks. The hummus we know today gets whipped with tahini (sesame paste), garlic, and lemon juice, dressed with olive oil and possibly some spices and herbs. Aish baladi (pita's whole wheat cousin) is a natural pairing.

HAWAWSHI

In 1971, Cairo butcher Ahmed al-Hawawsh first stuffed fluffy aish baladi with ground beef, onions, bell peppers, and spices. This baked dish, which started at his stall in popular market Souk Al Tawfik, now carries his name and can be found across Egypt. Hawawshi often comes with tangy salad and tahini. Similar creations exist across the Middle East, including arayes, made with lamb and pan-fried.

TA'AMEYA

Falafel is a crispy spiced bean fritter that spread across the Middle East and beyond, but it started here in Egypt. Egyptians call it ta'ameya and their version features ground fava beans. In other countries, falafel involves chickpeas and herbs. Falafel can be in the shape of a sphere, disc, or ring. Falafel's served in sandwiches or on plates with hummus, tahini, and vegetables both raw and pickled.

OM ALI

This 13th-century dessert has a dark history. In the most popular telling of the story, Sultana (female royal) Shajarat al-Durr married Izz al-Din Aybak, a warrior who was already married to Om Ali, a woman al-Durr demanded he divorce. When Aybak later decided to marry a different woman, al-Durr was furious and had him killed. In retaliation, Om Ali had al-Durr killed and requested a celebratory dessert in honor of the killing. Om Ali's cook baked puff pastry in a ramekin with milk, cream, sugar, and toppings including coconut, pistachios, almonds, walnuts, and raisins.

LEBANON

After World War I, the League of Nations divided the Ottoman Empire (Germany's ally) into pieces. Lebanon was part of the split, and after more than two decades of French colonial rule, it became an independent nation in 1943. Even though Lebanon is a new country, the land is historic, including four centuries within the Ottoman Empire and more than two millennia under Phoenician rule. Throughout the different eras, port cities such as Beirut, Byblos, and Tyre proved to be powerful trading assets for importing spices that influenced local diets. Lebanon shares many culinary traditions with neighboring countries, but they often have their own unique takes on dishes they have in common.

SAMKE HARRA

This spicy fish preparation is popular with fishers in northern cities such as Tripoli and neighboring El Mina. Depending on the restaurant, either fillets or whole fish come topped with tahini, garlic, chile, and herbs and crunchy accents including almonds or pine nuts.

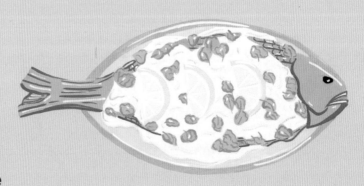

4 OTHER MUST-TRY DISHES

FATAYER

These savory hand-pies are eaten for breakfast, as appetizers, or as snacks and come in shapes like pinched triangles, crimped half-moons, and boats. Fillings also vary but can include sfeeha (ground beef), sabanekh (spinach), or jibnah (cheese) before getting baked. Sambousek is fatayer's deep-fried cousin.

MANAKISH

Records show people in the Levant (Eastern Mediterranean region) have eaten this flatbread for at least one millennium. Manakish may have Palestinian origins. Bakers top thin, round flatbreads with olive oil and za'atar, wild thyme that's often blended with sumac and sesame seeds. Shredded cheeses vary but frequently include Ackawi, a soft cow's milk cheese.

FATTOUSH

This vibrant salad from northern Lebanon features romaine lettuce, purslane, tomatoes, cucumbers, herbs, toasted pita chips, and a tangy dressing made with pomegranate molasses, sumac, and lemon juice.

KIBBEH

Ground beef and/or lamb gets blended with bulgur (partially boiled cracked wheat), onions, pine nuts, and spices and deep-fried. A version called kibbeh bil sanieh is baked in a tray, while Kibbeh nayyeh is a raw version. Kibbeh is also essential in neighboring Syria.

IRAN

Flavored rices and hearty stews with bright acidity are just two factors that distinguish Persian cuisine from neighboring nations. Most popular kebabs would be recognizable in other Middle Eastern countries, but here they have different names and distinct spicing. Iran builds on more than 2,500 years of culinary traditions that are rooted in the Persian Empire. Muslim practices took hold after an Arab army defeated the Persian Empire in the 7th century. Iran is also part of the Silk Road, the system of trading routes that connected them with Asia, Europe, and India. This network supplied Persians with rice and spices such as cardamom, cinnamon, and turmeric that continue to influence their cuisine.

POLO

Saffron-stained basmati rice preparations frequently accompany kebabs and come flavored with toppings like Adas (dates, lentils, and raisins), Baghali (lima beans and dill), Lubia (chopped beef, green beans, and tomato sauce), Shirin (almond slivers, orange peel, and pistachios), and Zereshk (tiny sour barberries).

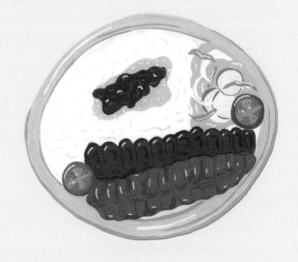

4 OTHER MUST-TRY DISHES

ABGOOSHT

This complex stew's name translates from Farsi as "meat water" and also goes by dizi in Iran. Lamb, chickpeas, and potatoes are often the key ingredients. Sometimes chefs substitute beef and beans. The multi-part meal involves strained and mashed ingredients, residual soup on the side, torshi (pickled vegetables), herbs, and sangak (chewy, sesame-studded flatbread).

BERYANI

Spiced lamb, including shank and lung, help form this soft ground meat patty from Isfahan, a city south of Tehran. More than 300 years ago, during the Safavid dynasty, beryani cooked in a tandoor (clay oven) and now sizzles in a pan. Chefs typically serve beryani atop sangak.

GHORMEH SABZI

Herb stew with kidney beans and lamb is considered Iran's national dish, dating back millennia. Black lime (sun-dried citrus) provides the signature tang. Stews like this often accompany chelo (steamed rice) or arrive atop tahdig, prized crispy rice sheets scraped from the bottom of the pot.

KUKU SABZI

This pan-baked frittata frequently features eggs folded with fried onions, crushed walnuts, and sabzi (herbs) such as cilantro, dill, and parsley. Tradition says people eat this dish for Nowruz, Persian New Year. Other kuku fillings available year-round include chicken and eggplant. People also eat kuku slices in sandwiches.

ISRAEL

Even though Jewish people have made Israel their cultural, religious, and spiritual home for nearly 4,000 years, they've been subject to repeated invasions and tragedies that have forced them to relocate to survive. Israel was most recently recognized as a nation in 1948, three years after the Holocaust ended. Nearly 700,000 of the remaining Jewish people relocated to their ancestral homeland. They brought Ashkenazi (eastern Europe), Sephardic (Spain and Portugal), and Mizrahi (North Africa) culinary traditions from across the Diaspora to form Israel cuisine, which goes beyond hummus, falafel, and shawarma.

JERUSALEM MIXED GRILL

Jerusalem has been a central part of Jewish life since 1003 BC, when King David first united Israel. Me'orav Yerushalmi, which translates to Jerusalem mixed grill, is one of the city's greatest culinary achievements, featuring chicken offal—hearts, livers, and spleen—griddled with onions and spices. This dish was born in the late 1960s at Makam restaurant in Jerusalem's famous Mahane Yehuda Market.

4 OTHER MUST-TRY DISHES

SABICH

Baghdad-born immigrant Sabich Halabi opened his family's sandwich stand near Tel Aviv in Ramat Gan, most likely in 1961, though it may have been earlier. Sabich based his signature sandwich on a popular Iraqi breakfast that combines hard-boiled egg with fried eggplant and a tomato cucumber salad similar to Israeli salad. He also added amba (spicy pickled mango) to his pita sandwiches.

SHAKSHUKA

This breakfast dish is not unique to Israel, but it has become essential. Shakshuka originated in North Africa—many experts point to Tunisia—and has become beloved in the region. The most popular version in Israel features eggs baked in a skillet with spicy tomato sauce and can be made with cheese or meat. Green shakshuka also exists, made with cream, greens, and herbs. Breads help to soak up residual sauce.

CHALLAH

This bread is now typically baked on Friday for Shabbat, but that wasn't always the case. Early references date to the 15th century, when challah was still round and flat. It wasn't long before these loaves spread across Europe, and they soon appeared puffier and braided. Many challahs are enriched with eggs and oil and can sport seeds including sesame or poppy.

CHOLENT

Shabbat, the Jewish day of rest, takes place from sundown on Friday until three stars appear on Saturday night. For Shabbat, 39 Melachot (forms of work) are prohibited, including ofeh (baking) and bishul (cooking). To get around this code, Jews created cholent, a stew that goes on the stove before Shabbat begins and shows up on tables after it ends. Cholent likely started in the Middle East before spreading across North Africa and Europe. Ingredients vary, but the stew typically includes beans, grains, and meat.

TURKEY

The land that's now called Turkey sits at an important crossroads between the Mediterranean and Black Seas, connecting Europe and Asia along the spice-rich Silk Road trade routes. For many millennia, the area went by Anatolia and fell under Greek, Persian, and Roman rule, to name just three conquests. In 1453, Ottoman Turks defeated the Byzantines and claimed Constantinople (now Istanbul). Joining with the Germans during World War I led to the empire's downfall. In 1923, World War I victors the League of Nations broke the Ottoman Empire into pieces, making Turkey a country under President Mustafa Kemal Atatürk. Throughout all of this chaos, Anatolia/Turkey became well known for its influential food.

İSKENDER KEBAP

Chef Mehmetoğlu İskender Efendi created this dish in 1867 in Bursa, a city in northwest Turkey. His family still runs Kebapçı İskender in Kadıköy. The dish consists of döner kebap (spit-shaved lamb) topped with butter and tomato sauce, served over flatbread slices with yogurt, tomato, and peppers on the side.

4 OTHER MUST-TRY DISHES

KAHVALTI

People eat this plentiful Turkish breakfast spread "before coffee," which is the loose translation. Components typically include cheeses, olives, eggs, kaymak (clotted cream), yogurt, honey, simit (seeded, ring-shaped bread), vegetables like cucumbers and tomatoes, and cay (black tea). Coffee is kahvalti's final taste.

İMAM BAYILDI

The name of this stuffed eggplant dish translates to English as "the priest fainted." Many myths surround the reason for the namesake Ottoman Empire imam (religious figure) to faint. It may have simply been due to his intense love for İmam Bayıldı; it may have been because he married an olive oil merchant's daughter who used her entire dowry (olive oil) to produce this dish. Either way, whole spiced eggplants still cook in plenty of olive oil and contain onions, tomatoes, and peppers.

KÖFTE

Turkish people take köfte (hand-formed ground meat) in many different directions. Ground beef or lamb can be grilled on skewers, deep-fried, stewed, and raw. Köfte comes from the Persian word köftan, which means "to grind," and these ground meat preparations probably originated in ancient Persia.

LOKUM

Bekir Affendi created an innovation for this historic dessert, sweet, gelatinous cubes also known as Turkish delight. After moving to Istanbul in 1777, he substituted cornstarch for flour, adding a signature chew. Affendi's family continues to run his shop, Haci Bekir, after nearly 250 years, making flavors like mint, pistachio, and rose.

HAND WHIPPED HUMMUS

A RECIPE BY ORI MENASHE
BAVEL, LOS ANGELES

Every time our daughter bounds into the restaurant, the first thing she says is, "Can I make hummus?" Out of all the things she helps with, whether it's rolling pita dough or baking cookies with my wife, hummus is her absolute favorite thing to make. It also happens to be one of her favorite foods. So the end result is as equally rewarding as the prep.

RECITE

INGREDIENTS
Yield: 5 cups/servings

Soaking the Beans
1 1/2 cups dried garbanzo beans
5 cups water
1 teaspoon baking soda

Cooking and Mixing
pre-soaked beans
1 teaspoon baking soda
5 cups water
1 1/4 cups tahini
3 cloves garlic grated
1 tablespoon kosher salt
2 tablespoons lemon juice
1 cup ice water

Garnish
1 tablespoon olive oil
1 tablespoon lemon juice
1 pinch ground cumin seed

DIRECTIONS
Soak the beans in the water and baking soda mixture for 12 hours. If longer than 12 hours, leave it in the refrigerator to soak.

Drain the beans and place in a medium-sized bowl. With your hands, rub the beans against each other. The friction will force the beans to peel. Once the majority of the beans are peeled, fill your bowl with at least an inch of water above the beans. Tilt the bowl to strain liquid, and the skins will wash away with the liquid. Repeat this process of filling the bowl with water and rinsing until it seems that most skins have rinsed away.

Place the beans in an 8-inch stock pot. Cover the beans with 5 cups of water and bring to a boil. Once it reaches a boil, lower to simmer and skim any foam that rises to the surface with a slotted spoon and discard. At this point, add the second teaspoon of baking soda. This will allow the beans to break down and cook faster. Bring it up to medium heat and continue to simmer. Your goal is to cook the beans to the point that all water evaporates. This will take about 45 minutes to an hour. When the water is almost completely gone, make sure you check on it periodically so it does not scorch the bottom of the pot. Once the liquid completely evaporates, take off the heat and let cool for 30 minutes.

While the beans are cooling, mix the grated garlic into the bean mixture. This will mellow out the garlic.

Put the cooked beans in a medium-sized mixing bowl. With a pestle or a potato masher, smash the beans to a coarse puree. Go over beans as much as possible to get a creamy consistency. It's okay if some whole beans are left—this is the old way of making hummus without a machine.

Add the ice water, tahini, lemon juice, and salt to the bowl with the mashed beans. Mix with a whisk to incorporate.
To assemble, take 1 cup of hummus and spread at the bottom of a bowl.

Garnish option 1: Top with 1 tablespoon of olive oil, 1 tablespoon of lemon juice, and sprinkle with a pinch of ground cumin seed.

Garnish option 2 (spicy version): Top with 1 tablespoon of olive oil and 1 tablespoon of lemon-chili sauce (see recipe below).

Serve with preferred pita bread.

Ingredients for Lemon-Chili Sauce (optional):
1 serrano pepper minced
1 clove garlic minced
juice of 2 lemons
1/4 teaspoon cumin

Combine all ingredients in a mixing bowl and let sit for 5 minutes.